KB076161

모두를 위한 영화는 있다

모두를 위한 영화는 있다

가능성과 상생을 꿈꾸는 장애 영화 이야기

김헌식 지음

에이블 시네마, 그리고 페어 시네마

우리나라의 대표적인 장애인 단체에서는 해마다 여러 편의 드라마를 만드는데 이 제작 과정에 10여 년 자문위원으로 활동했다. 한번은 가편집본을 두고 자폐아 장애인 학부모 단체회원들이 참여한 가운데 간단한 시사회를 열었다. 시사회 뒤에 작품에 대해서 소감과 개선 보완 사항을 말하는 시간이 되었다. 이때 장애인 학부모 두 분이 의견이라기보다는 분노를 표출했다. 분노의 이유는 자신들이 말한 점들이 거의 들어가지 않고 현실을 담아내지 못했다는 것. 장애에 대한 실체적 묘사도 떨어지고 현실의 리얼한 점들이 생생하지 않다는 것이었다.

10여 년째 이 업무를 담당하고 있는 단체 책임자는 말했다.

"이 작품은 장애인들이 볼 게 아니라 비장애인 생활인들이 보거든요.

너무 사실 그대로 그리면 이질감이 느껴져서 아예 보질 않아요. 공통분모를 적절하게 찾고, 받아들일 수 있게 유연하게 연출해야 해요."

이 말을 들은 학부모들은 얼굴에 화색이 돌기 시작했다. 우리는 어떤 세계관*universe*을 2차 콘텐츠로 만들어 공유하면서 세상을 바꿀 것인가를 고민하고 분투한다. 창작의 토대에서 '현실이냐, 이상이냐'라는 이분법은 수용성이라는 문제를 통해 고민된다. 창작하는 이들의 주제 의식도 중요하지만 그것을 접하고 수용하는 사람들이 잘 이해하고 공감해야 한다.

그런데 과연 지식과 정보를 그대로 전달하면 의도와 메시지가 전달이 될까. 문화 콘텐츠를 창작하는 것은 좀 더 관심과 주의집중을 일으키고, 인식과 행동의 변화를 이끌고자 하는 것이다. 직접적인 방식인가, 간접적인 방식의 연출인가에 따라 리얼리즘과 메타포즘이 달라질 수 있다. 리얼한 방식으로 현실을 정확하게 담아내어 장애인들의 실제 삶을 알리는 매개 수단으로 영상 콘텐츠로 삼을 것인가, 아니면 이를 포함하여 좀 더 대중적인 방식과 장치들을 위해 레토릭이나 메타포를 활용할 것인가.

　이러한 고민과 숙의는 장애라는 용어를 어떤 것으로 삼아 예술은 물론 영화 개념을 적용할 것인가에도 해당된다. 특히 영화는 가장 대중적이면서도 예술적인 수단이면서 디지털 영상 기술과 플랫폼에 따라 진화하고 있다. 이에 따라서 장애 관련 영화들이 어떤 지향점을 가져야 하는지 지속적으로 고민 탐색해야 한다. 일단 세계관을 표현하는 개념이 있어야 전달 의지가 콘텐츠로 창작된다.

　그동안 장애를 가리키는 용어로 어떤 영어 단어를 쓰는지도 치열하게 논의되어 왔다.

　"나는 핸디캡을 가지고 있다."

　장애를 핸디캡*handicap*이라고 표현하던 때가 있었다. 아울러 장애인을 'the handicapped'나 'handicapped person'이라고 적었다. 'handicapped'에는 부정적인 뜻이 담겨 있기 때문이다. 'handicap'은 불리한 조건을 말한다. 장애인은 이미 한계가 있는 불리한 조건을 지닌 사람이라는 편견이 담겨 있는 것이다. 특히 능력이 제약 당해 있다, 능력이 떨어진다는 의미를 갖고 있다. 'handicap'은 잘 쓰지 않기를 권고하면서 많이 주목한 단어가 'disability'다. 형용사는 'disabled', 장애인은 'disabled person'으로 표기한다.

그런데 장애인 전체를 뜻하는 집합명사로 'the disabled'는 쓰지 않는다. 장애를 지닌 사람들을 따로 묶어서 차별할 수 있기 때문이다. 또한 장애를 뜻하는 단어로 'impairment'가 있다. 이 단어의 뜻은 손상 혹은 훼손이다. 동사 'impair'는 '손상하다, 훼손하다'이며 형용사형은 'impaired'인데 마찬가지로 장애인 전체를 집단적으로 차별할 수 있어 'the impaired'라는 단어도 쓰지 않는다.

지난 평창 패럴림픽에서는 'disability'를 쓰는 대신에 'impairment'를 사용하도록 권고했다. 'disability'가 '할 수 없다'는 의미가 있어 적절하지 않다는 것이다. 'pair'는 한 쌍, 한 벌의 뜻으로 두 부분이 전체 하나를 이루는 것을 말한다. 'impairment'는 이 중 짝을 이루는 어느 한 부분이 훼손된, 전체 하나가 이뤄지지 못하는 것을 말한다. 'impairment'를 쓸 때는 어느 부분이 훼손되었는지 같이 명기하도록 권고되기도 한다. 시각이면 시각, 청각이면 청각, 척수 등을 명기하라는 것인데 이는 전체 능력이 아니라 특정 부위만 손상되었고 그로 인해 일부 능력을 발휘할 수 없을 뿐 나머지 신체와 그에 따른 역량은 다를 바 없다는 점을 분명히 하는 것이다. 애초에 할 수 없고 능력이 없음을 규정하는 '핸디캡'이나 '디스어빌리티'와 다르다는 것이다.

1970년대 일본에서는 '디스에이블'에 대항해 '에이블 아트'라는 개념이 생기기도 했다. 가능성의 예술이며 이는 장애인 예술을 가리켰다. '할 수 없다'가 아니라 '할 수 있다'는 지향점에 초점을 맞춘 개념이었다. 예술가들, 그들이 할 수 있는 가능성의 예술을 말한다. 핸디캡이나 디스에이블, 임페어는 모두 증상, 팩트에 초점을 맞추고 있다.

장애인 운동도 이런 연장선상에서 장애의 실제를 세상에 알리고 장애인의 현실을 제대로 보여주어 인식 개선은 물론 권리 보장과 추구를 목표로 하게 되었다.

장애인 예술도 마찬가지였다. 장애인의 현실을 그대로 보여주는 이른바 리얼리즘이 추구되었다. 이러다 보니 장애인의 인간승리, 장애 극복이라는 제한된 범주에 머물게 되었다. 장애와 관련한 영화는 주로 장애인의 현실을 기록하고 알리는 차원에서 제작되었다. 인식 개선이 목표가 된 것은 이 때문이며 당연한 것이었다. 관련 단체에서는 주로 장애의 증상을 제대로 묘사하고 연출했는지, 생활이 실제 같은지 검토하고 그렇지 않을 때 지적하고 비판했다.

그런데 완벽하게 현실을 반영하는 것은 중요할 수 있지만 근본 목표는 아니다. 장애 평균이라는 점도 하나의 허구일 수 있다. 장애인은 동일하지 않으며 장애인 서로는 장애 부위에 따라 서로를 이해하지 못했다. 장애인들도 장애가 다르면 소통하지 않거나 실제 정보와 지식이 없을 수 있다. 그럼 서로 관심과 학습을 통해 이런 차이와 비공유 문제가 해결될까. 이는 구체적인 증상을 넘어선 통합적 장애에 대한 접근이 필요함을 의미한다. 설령 장애 부위가 같더라도 장애 정도가 다르며, 각자의 신체 특성이나 정신 구조, 그리고 성격도 다를 수 있었다.

더구나 다큐 장르는 드라마, 영화와는 다른 정체성과 성격을 갖고 있다. 다큐는 주로 말 그대로 사실의 기록이지만 영화와 달리 픽션이기 때문이다. 다큐는 사실 그대로 전달하기 때문에 객관적 기록이라는 점에서 의미와 가치가 있지만 표현에 한계가 있고 그 용도가 제한적이다. 자신이 스스로 판단할 수 있는 여지를 더 준다. 다큐는 대중성이 좀 덜하기 때문에 보통 시청률이나 흥행 관객이 다른 장르에 비해 많지 않다. 상상력을 부가하여 다양한 감정이입을 가능하게 하는 픽션 장르일수록 시청률이나 관객 동원력이 높다고 할 수 있다.

보통의 리얼리즘 경향의 장애 관련 영화는 결국에는 단지 증상이나 현상, 삶의 양태 자체에만 초점을 두게 마련이다. 이는 장애인의 현실을 알리고 알아달라고, 인식 개선을 통해 장애인의 현실을 더 낫게 바꾸어 달라는 요청이 더 많다.

에이블 시네마는 여기에서 능동적이고 적극적인 태도와 지향점을 내포하고 있다. 이는 문화의 바람직한 가치가 개입되어 있는 것을 말한다. 현실은 비록 바람직하지 않아도 현실과 반대로 혹은 가로질러 이렇게 되었으면 좋겠다고 소망하는 상황을 영상에 실현해 보는 작업이 영화이기 때문이다. 픽션의 영상이 다큐 영화보다 차별적인 정체성을 갖고 대중성까지 확보할 수 있는 것은 이 때문이다. 그러나 박수도 두 손이 마주쳐야 소리가 난다. 젓가락도 두 짝이 같이 움직여야 제 역할을 할 수가 있다. 혼자 열심히 가능성의 미래를 탐색하고 실천한다고 해서 소망스러움이 꼭 잘 되는 것은 아니다.

픽토그램은 픽토*picto*와 전보를 뜻하는 텔레그램*telegram*의 합성어다. 사물과 시설 그리고 행동 등을 상징화해 사람들이 빠르고 쉽게 이해할 수 있도록 한 시각 디자인으로 이해력을 좀 더 좋게 안내판이나 도로표지판 등에 사용된다. 더구나 언어표현이나 신체적 어려움을 겪는 청각장애, 언어장애, 지적장애, 뇌병변장애, 지체장애 등의 사람들에게는 픽토그램이 정보 전달 매체로 효과 있게 사용되기도 한다.

그런데 이전의 장애인을 의미하는 픽토그램은 대개 장애인이 휠체어에 앉아 있는 모습으로 그려진다. 하지만 능동적인 픽토그램은 앞으로 나가는 모습을 하고 있다. 장애 예술도 이런 능동성에 바탕을 둬야 한다. 단지 현실을 충실하게 그려 인식 개선을 추구하고, 나아가 장애인들의 권리 신장과 보호를 이룰 수 있으면 소망스러운 것이다.

그런데 에이블 아트는 할 수 있다고 자신감을 주는 가능성의 예술인데 장애인 자체에 한정되는 분위기가 더 짙다. 에이블 시네마도 자칫 그럴 수 있다. 혼자 자신감을 갖고 시도하는 것도 중요하지만 결국 같이 더불어 살아야 한다. 임페어먼트를 훼손이라고 하면 페어는 한 쌍, 커플을 말한다. 장애인과 비장애인이 함께 한 짝을 이루는 것이 우리 사회와 공동체 국가가 잘 운영되는 것이다.

장애인과 비장애인이 하나의 통합으로 완성되어 가는 것을 꿈꾸고 소망하고 그것을 문화 예술로 그려내는 것이 페어 아트*pair art*이고 페어 시네마*pair cinema*라고 할 수 있다. 에이블 시네마가 장애인들의 가능성의 문화를 영상에서 탐색 모색 실천하려고 한다면, 페어 시네마는 장애인들만이 아니라 비장애인과 같이 더불어 협력하고 상호보완을 통해 하나의 구성원으로 사회를 더 좋게 만들기 위한 동반자적인 관계성을 모색하는, 남성과 여성의 양성 평등이 그러하듯이 공존과 상생을 모색하는 영상 작품을 의미한다. 결국, 모두 공진화할 수 있는 미래의 영화를 지향하는 것이다.

이는 여성과 남성, 부자와 빈자의 계층적 화두에도 함의점을 준다. 적대적 관계가 아니라 어떤 관계 설정의 피드백 루프에 따라 결과가 달라질 수 있기 때문이다. 거꾸로 그러한 관계가 훼손당하지 않도록 해야 한다. 장애는 선천적, 본래적이 아니라 사후적, 중도적 발생이 매우 많고 실제로 상당한 비율을 차지하기 때문이다.

이 책은 이를 위해 장애에 관련된 영화에 관한 리뷰를 마이크로 하게 시도하고, 에이블 시네마, 나아가 페어 시네마의 방향성 모색을 담아내고자 했다. 대부분은 영화를 분석하고 있되 메타 분석도 하고 있다.

– 김헌식

Contents

신경 장애인 조커가
악당이 되지 않으려면

- 사회복지가 필요한 이유, <조커>

거리에서 불량 청소년들에게 폭행을 당한 조커에게 직장 동료는 총을 쥐어준다. 위기 상황에서 방아쇠를 당기라는 것. 그런 동료에게 자신은 총을 가질 수 없는 사람이라고 하지만 끝내 그는 총을 쥐어준다. 내심 항상 불안정한 마음이 있던 조커는 그 총을 늘 몸에 휴대한다.

그런데 그 총이 아동병원에서 아픈 아동들을 대상으로 희극 공연을 할 때 바닥에 떨어지는 바람에 해고당한다. 해고당하고 집으로 오는 지하철에서 불량배들이 젊은 여성에게 감자튀김으로 성희롱을 한다.

마침 이 광경을 보던 조커는 그만 웃음을 터트린다. 웃음은 그야말로 걷잡을 수 없이 터져 나온다. 그 웃음 때문에 세 명의 불량배는 조커를 놀리는가 싶더니 폭행을 가하기 시작한다. 그들은 조커가 지적 장애인이라고 생각하며 폭행해도 된다고 판단한 것. 조커는 품에 있던 총으로 결국 그 남성 세 명에게 발사하고 만다. 그런데 피격당한 그들은 그냥 거리의 불량배가 아니라 성공한 금융맨들이었다.

토머스 웨인(배트맨, 브루스 웨인의 아버지)은 이들 성공한 금융맨들을 옹호하며 시장 선거 출마 의지를 확고하게 한다. 흔히 전작들에서 보인, 노상강도에 억울하게 죽은 배트맨의 아버지와 달랐다.

그런데 어찌 된 일인지 금융맨 살인사건은 양극화로 치닫고 있는 고담시에서 광대 분장으로 부유한 금융맨들을 살해한 조커 즉, 아서 플렉(호아킨 피닉스)을 얼굴 없는 영웅으로 만든다. 반영웅 수준이 아니라 그냥 그대로 영웅이 된다. 이는 베트맨(브루스 웨인)이 가진 자들의 영웅, 기득권의 수호자 그 반대 지점에 조커가 있다는 언질을 준다.

배트맨의 프리퀄 영화 〈조커〉(Joker, 2019)는 범죄자에 불과해 보였던 조커에 관한 면죄부 영화이다. 단지 그가 나쁜 악인만은 아니라는 점을 적극 부각시키고 그가 범죄를 저지를 수밖에 없는 스토리를 구성하기 때문이다. 그렇다고 해서 그의 범죄를 모두 정당화하는 것이 아님은 분명하다.

무엇보다 이 영화는 조커의 상징인 웃는 모습을 전복시키고, 장애의 사회적 맥락을 해석시킨다. 그는 미친 듯이 웃어젖히기 때문에 미친 사람으로 취급되고 이에 관객들은 쉽게 범죄자는 미친 사람이라는 이미지를 떠올리게 된다. 이전의 팀 버튼 감독의 〈배트맨〉(1989), 〈다크 나이트〉(2008), 〈수어사이드 스쿼드〉(2015) 등에 등장하는 조커의 웃음은 광기를 드러내는 데 치중할 뿐이고 때로는 그것이 그의 철학적 미학적 세계관을 담아내는 이미지라고 평가되기도 한다.

하지만 아무도 그가 왜 그렇게 되었는지 알려주려, 그리고 알려고 하지도 않는다. 별로 그런 것은 중요하지 않다. 단지 범죄자일 뿐이니까. 여기에서 웃음에 주목하는 것은 바로 장애의 관점 때문이다. "누구나 조커가 될 수 있다."

이렇게 말한다면 사회적인 구조가 범죄자를 만들어낼 수 있다는 사회적 범죄 발생론을 말하는 것이다. 그러나 아무나 조커처럼 웃을 수 없으며, 본인도 조절할 수가 없다. 그것은 장애가 그렇듯이 자신의 의지와 상관없는 것이기 때문이다. 요컨대, 조커는 정신장애도 아니고 신경 장애를 갖고 있다는 설정이 흥미롭다.

조커는 웃지 않아야 할 상황인데도 제어할 수 없는 웃음을 미친 듯이 터트려 심지어 상대방을 비웃거나 조롱하는 듯싶다. 아니 웃음이 적재적소에 나오지 않으면 상대방은 기분이 나쁠 수 있다. 그럴 때마다 조커는 메모를 사람들에게 내밀며 양해를 구한다. 그렇게 한다고 해도 그를 바라보는 시선은 쉽게 정상으로 돌아오지는 않는다. 이렇게 제어할 수 없는 웃음이 나올 때, 사람들은 도리어 그를 비웃거나 조롱하는 일이 있고 심지어 폭행을 가한다. 조커의 설명 따위는 들으려 하지 않는다. 조커는 그냥 장애인이라 자신들에게 항거불능이라는 것을 알기 때문이다. 그것이 분노로 쌓이고 마음의 병으로 또한 진전된다.

조커의 신경 장애 증상인 웃음은 틱 장애의 연장선상에 있다고 볼 수 있다. 틱 장애는 반복해서 갑자기 빠르게 나타나는 근육의 움직임이나 목에서 나는 소리를 말한다. 욕설이 그대로 밖에 표출되는 경우도 있다. 이는 자신의 의지와는 상관이 없고 제어가 쉽지 않다. 불쾌한 감각이나 느낌이 있고 긴장이나 스트레스, 분노를 느낄 때 이런 틱 장애가 나타난다. 두 개가 복합적으로 나타나는 것을 '뚜렛증후군'이라고 말하기도 한다. 단순 근육 틱은 눈을 깜빡이고 얼굴을 찡그리는 것, 머리 흔들기, 입 내밀기, 몸을 들썩이는 등의 행동이다. 복합 근육 틱은 손의 냄새를 맡거나 자신을 때리거나 물건을 던진다. 그리고 제자리에서 뛰어오르는 행위도 한다. 남의 행동을 따라 하기도 하고 외설스런 행동을 하기도 하며 민감한 신체 부위를 만지기도 한다.

우리가 흔히 보는 영화 속 조커의 기반은 이런 틱 장애 유형과 가까워 보이는데 다만 영화는 광대의 광기나 웃음과 살인(비극)의 이중성에 초점을 맞추었다. 어쨌든 틱 장애의 관점에서 보면 조커의 행동이 모두 이해가 가지만 이를 철학적 미학적으로 해석하게 되면 다른 맥락이 형성될 뿐이다. 예컨대, 그것이 팀 버튼 식 영화 〈배트맨〉의 조커가 보인 예술적인 창조성이었다. 즉, 장애인의 현실이 아니라 악당의 색다른 면을 이상적으로만 그린 셈이다. 팀 버튼 영화에서 보듯 범죄가 화학공장

주물에 떨어져 조커 캐릭터로 태어나는 수준의 틀은 이후 〈수어사이드
스쿼드〉에서도 벗어나지 못하고 만 이유다.

영화 〈조커〉에서는 프리퀄 영화답게 조커가 어떻게 탄생했는지를 사
회 환경적 요인은 물론 정책 측면에서 보여주고 있는데 그 핵심 배경 중
하나가 정부에서 사회복지예산을 축소했던 점이다. 예산이 축소되어
조커는 더 이상 상담을 받을 수도 없고 약도 받지 못하게 된다. 그 때문
에 그의 제어되지 않는 웃음은 더 폭발하게 된다. 지하철 살인은 이 때
문에 벌어진 셈이다.

사회복지예산이 축소되지 않았다면 그는 범죄자가 되지 않았을 것
이다. 심지어 조커가 꿈에도 그리며 되고 싶은 코미디언 활동도 제대
로 못 하게 할 정도가 된다. 웃기는 사람이 먼저 미친 듯이 웃는다면 사
람들이 재밌어 할 수는 없는 노릇이다. 그가 코미디언도 못 하게 된 것
은 가난하고 약한 사람들은 감정노동을 해서 생계를 이어가고 있는 현
대인들의 삶을 묘사하면서 조커 같은 장애인은 그것조차 할 수 없는 비
극을 말하고 있다. 오로지 범죄자에게만 제어되지 않은 웃음이 허용될
뿐이었다.

영화 〈조커〉는 비록 극단적인 설정이기는 하지만 정부 정책과 공공
지원이 마지막 보루이자 시작이라는 점을 생각하게 한다. 다른 지면의
영화 평론이나 리뷰가 단지 조커의 캐릭터에만 주목하고 있지만 여기

에서는 이런 관련 제도와 예산 결핍 때문에 장애인이 양산될 수 있음을 아울러 생각하게 만든다. 그들을 대변하기는 쉽지 않으니 영웅의 탄생 이 된다.

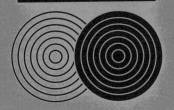

오히려 보이는 것은
진실을 가린다

- 장애의 도구화 넘기, **<웃는 남자>**

17세기 영국 귀족들은 기괴한 모습의 동물이나 사람을 구경하는 호사 취미를 공유하고 있었다. 그런 존재를 접할 수 있는 것은 부와 지위를 드러내는 수단이었다. 본래는 진귀한 존재를 구경하는 수준이었겠지만 주객이 전도되기 시작했다. 원래 있는 존재가 아니라 나중에는 고의로 만들어냈다. 예컨대, 인신매매 집단이 아이들을 납치해 기괴한 존재로 만들어 귀족들 앞에 구경거리로 팔았다. 그들이 말하는 기괴한 존재는 바로 장애인일 수 있었다. 이제 신체장애가 있는 아이들을 데리고 다니는 것이 마치 자신의 신분을 돋보이게 하거나 지위를 뒷받침하는 것으로 생각하게 되었다.

영화 〈웃는 남자〉(The Man Who Laughs, 2012)에 나오는 타조린필드는 상설 장터로 마귀를 구경하러 온 자들로 들끓었는데 마귀를 구경한다는 것은 공연을 보는 것을 의미했다. 인신매매 집단 콤프라치코스는 그웬플렌을 납치해 입을 찢어 놓는다. 자신이 스스로 웃으려 하지도 않는데 언제나 웃고 있는 표정이 된다. 즉 안면근육 장애인이 된다. 그럼에도 사람들은 그를 주시하고 조롱하고 괴롭히면서 우월감을 느낀다. 자신들은 마음대로 웃음을 조절할 수 있는 능력이 있음을 자랑이라도 하는 듯이 웃으면서 말이다. 안면 장애인데도 단 한 명 그의 영혼을 사랑한 이가 있었다. 하지만 그는 그것을 미처 몰랐다. 그의 영혼을 사랑한 데아는 시각장애인이었고 본다는 것의 역설을 원작자 빅토르 위고 대신 전하는 메신저다.

그들의 스토리는 다음과 같았다. 어느 추운 겨울날 그웬플렌은 인신매매 집단에서조차 배제되었다. 쓸모가 없어진 모양이었다. 정처 없이 추운 겨울밤을 헤매던 그는 얼어 죽은 여인의 품에 있던 생후 5~6개월 된 아이를 만나게 된다. 얼어 죽을 듯한 눈밭에서 헤매던 그웬플렌은 떠돌이 약장수 우르수스의 마차를 두드린다.

우르수스는 앞이 보이지 않는 데아와 입이 찢어진 그웬플렌을 보고 처음에는 놀랐지만 두 아이를 식구로 받아들인다. 약장사가 시원치 않았는지 우르수스는 웃는 얼굴의 그웬플렌과 시각장애인 데아를 내세우며 새로운 공연을 시도한다. 그들은 공연으로 지방에서 명성을 얻어갔고 마침내 왕이 있는 궁정 도시에서 공연하게 된다. 그웬플렌의 인생 스토리를 공연하기 시작하면서 귀족들도 관심을 갖게 된다. 구체적으로는 웃고만 있는 그웬플렌과 눈이 평생 보이지 않는 데아의 러브 스토리는 열화와 같은 호응을 받았다.

그런데 유명세는 대가를 치르는 법일까. 단순히 팬으로 호응을 보내는 차원을 넘어 사심을 가진 이가 나타난다. 마차를 몰고 온 귀족 여성이 그웬플렌을 유혹하기에 이른다. 그 귀족 여성은 앤 여왕의 이복동생인 조지아나 공작부인이었다. 하지만 그웬플렌은 그 유혹에 빠져들 수 없었다. 데아를 사랑하고 있었기 때문이다.

데아는 이렇게 말한 적이 있다. "본다는 것은 진실을 감춘다." 데아는 보이지 않기 때문에 보는 것으로 진실을 감추게 되는 일은 없게 된다. 따라서 데아는 그웬플렌의 영혼을 느꼈기 때문에 그웬플렌을 사랑한다. 데아는 다른 사람들이 놀리는 그웬플렌의 웃는 얼굴을 볼 수 없기 때문에 오히려 그웬플렌의 온전한 내적인 면을 사랑한다. 데아는 비록 그웬플렌의 신분이 밝혀지게 됨에도 그런 외적 조건에 관계없이 사랑한다. 공작부인과는 다른 점이었다.

그런데 사실 그가 후작의 아들이었음이 밝혀진다. 후작은 앞선 왕과 투쟁을 벌이는 와중에 밀렸던 것이다. 그의 아들인 그웬플렌은 납치되어 얼굴에 상처를 입고서 장애를 얻게 되고 천민으로 전락하게 되었던 것. 납치범이 실토하자 시종이 나타나 그웬플렌의 신분을 확인하고 그에게 막대한 재산 규모까지 알려준다.

전혀 생각하지 못한 신분의 환원으로 그의 입지가 달라졌다. 어쩌면 자신의 신분에 맞게 공작부인의 유혹에 그만 넘어갔는지도 모른다. 공작부인은 잔인하게도 데아를 대저택에 불러들여 자신이 그웬플렌을 유혹하는 광경을 목도하게 만든다. 데아는 충격적인 광경에 혼란스러워하고 대저택의 화부 노동자들 때문에 위험한 상황에 처하게 된다.

하지만 공작부인은 호기심과 정복욕에만 머물렀다. 정말 그를 사랑한 것은 아니었기 때문에 그웬플렌을 외면했다. 처음에는 웃는 남자라는 기괴하고 특이한 존재에 대한 호기심이었고 그가 후작이라는 걸 알았을 때는 정복욕에 다름 아니었다. 가난하고 눈이 보이지 않는 데아에게 확실히 자신의 권능을 과시하는 수단으로 사용하고 만 것이다.

그웬플렌의 웃는 얼굴은 그가 후작임에도 상류층에게 조롱의 대상이된다. 후작이 정치적 영향력을 가질 수 있다는 시종의 말에 따라 여왕과 귀족들 앞에서 개혁적인 주장을 설파한다. 귀족과 왕을 위한 정치가 아니라 시민과 국민을 위한 정치를 말한다. 가진 자, 권력자가 아니라 가난하고 힘없는 자를 대변하는 정치를 주장한다. 하지만 여왕은 퇴장하고 귀족들은 놀리고 조롱한다.

특히 그의 외모를 들어 비하, 폄하를 마다하지 않는다. 그들은 자신 같은 귀족인 그웬플렌을 단지 외모적인 점들을 들어 폄하하고 아예 배제해버린다. 그의 말을 듣기조차 하지 않는다. 데아의 말대로 보는 것이 진실을, 나아가 진리를 가린다. 상처받은 그는 결국 그 넓은 저택에도 갈 데가 없다. 다시 시장 마당으로 돌아왔는데 데아는 숨을 헐떡이고 있다. 상심한 데아가 독극물을 들이켠 것이다.

안면 근육 장애인 귀족 그웬플렌과 빈민 시각장애인 데아가 서로의 장애를 보듬고 그대로 사랑했다면 세상은 달라졌을지 모른다. 데아가 스스로 세상을 떠나는 모습은 비극적이다. 비록 비극적 감동을 줄지는 모르지만 수동적인 캐릭터로 남았기 때문에 사회적 역할 모델로 삼기에는 한계가 있다.

눈이 보이지 않는 데아가 연기자로 활약했던 것은 정말 고무적이라 할 수 있다. 영화에서는 자신 스스로 삶의 이야기를 스토리텔링했다. 오늘날에도 시각장애인이 배우로 활동하기는 쉽지 않지만 스스로 자신의 이야기를 장애인들이 말하는 것을 넘어서 작품 활동으로 이어지게 할 수 있다면 더 바람직하겠다.

우르수스는 "사람들이 항상 나쁘지는 않아. 나쁘게 구는 것은 두렵기 때문이야. 자신에게 익숙하지 않은 대상에 두려움을 느끼게 되어 나쁜 짓을 하게 되는 거야."라고 했다. 데아는 더욱 살아남았어야 한다. 그것은 장애인이 더 많이 활동할 수 있다면 배척하거나 위해를 가하지 않을 것이다.

이 영화를 통해서 비장애인이 자신의 입지를 돋보이고 장식을 위해서 장애인을 도구화하는 사회적 현실을 다시 한번 반성하게 된다. 물론 오늘날에는 17세기처럼 볼거리, 즐길 거리로 삼지 않을 수 있지만 장애인을 돕고 배려하는 것이 자신들의 위신과 입지를 과시하기 위한 수단으로 여전히 활용하고 있다. 애써 장애를 부각하는 것이 위험해 보이는 이유다.

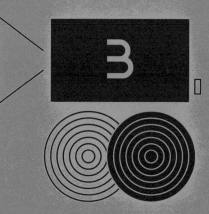

김지영의 빙의가
나타난 이유

- '빙의'의 기원, <82년생 김지영>

상담의는 김지영(정유미)의 남편 정대현(공유)에게 이렇게 말한다. 상담받으러 오기까지가 제일 힘들다고. 자신에게 뭔가 문제가 있다는 것을 인정하는 것 그것이 정말 힘든 일이고 그것을 해결하기 위해 의료기관을 찾는 것은 더욱 힘든 일이라고. 중도에 장애를 갖게 되었다면 그것을 인정하지 않을뿐더러 부정부터 하게 된다. 그러는 사이에 변화된 자신의 상황에 맞게 삶을 꾸려나가는 일이 더 힘들어지고 만다. 단지 자신 삶을 영위하는 것이 힘든 게 아니라 다른 사람들 특히 가족이 더 힘들어질 수 있다. 그렇기 때문에 자신에 대한 정확한 이해만이 아니라 그것의 인정이 중요하다. 하지만 그것을 본인이 모를 때 그것을 인정하게 하는 과정은 가족에게 또 다른 고통일 수 있지만 반드시 넘어야 하는 고통의 과정이기도 하다.

영화 〈82년생 김지영〉(2019)은 소설과 달리 강조하는 점이 있는데 바로 빙의라는 설정이다. 이 빙의가 없다면 영화는 밋밋해질 수밖에 없고 다른 여성의 현실을 말하는 영화들과 그렇게 구별된다고 볼 수 없겠다.

여기에서 빙의憑依는 본래 초월적인 의식 세계를 경험하는 현상을 말한다. 다른 혼이 들어오는 현상이라고도 하고 흔히 귀신이 들렸다는 표현으로 사용되기도 한다. 영화에서는 친정어머니 목소리와 감정이 튀어나오기도 하고 할머니 말투로 변해서 말하기도 한다. 그런데 본인은 무엇을 누구의 말투로 말했는지 전혀 기억을 못 한다.

대개 빙의라면 대중문화 콘텐츠에서 초인적인 능력이 부각되고는 한다. 공포, 스릴러물 등 장르물 콘텐츠가 많아지면서 이런 경향은 더욱 두드러지고 있다. 오컬트 문화가 젊은 세대에게 주목을 끌면서 〈빙의〉라는 드라마가 제작되어 주목을 따로 받기도 했다. 이런 드라마가 아니어도 빙의가 사회적인 원인이라기보다는 초현실적인 능력이나 불가해한 현상으로 접근하면서 지금 살고 있는 현실 이외의 세상을 갈구하는 창구로 사용하는 것이 빈번했다.

그런데 영화 〈82년생 김지영〉에서는 정신장애 범주에서 볼 수 있게 했다. 가사와 육아 노동에 시달리는 김지영이 빙의하는 이유는 자신의 생각과 의사를 표현할 수 없기 때문일 것이다. 미뤄 짐작하건대 스스로라기보다는 주변 환경 때문에 자신의 의사 표현을 제대로 못 하거나 의사 표현에 한계를 느끼기 때문일 것이다.

이 작품은 원작 소설을 바탕으로 했고 이름도 82년생들을 대변하는 것처럼 보여 다양한 계층들이 책을 구매하기에 이르렀다. 세대와 연령

대를 넘어서서 여성들 스스로가 자신들의 문제를 해결하기 위해 지푸라기라도 잡기 위한 선택적 행동이었을 것이다. 또한 국내만이 아니라 해외에서 베스트셀러가 된 것도 이 때문이었을 것이다.

이런 배경을 읽은 탓인지 영화 제작진은 이 영화가 가족 영화가 되기를 원했다. 그래서 빙의를 통해 다양한 가족 구성원들의 입장을 김지영의 입을 통해 대리표현 하게 했다. 그 빙의의 주인공들은 모두 여성으로 살고 여성으로 경험한 느낌과 생각을 오늘날의 김지영의 현실에 투영하여 말하고 있었다. 아마도 이런 빙의 현상이 오늘에만 있었을까.

어떤 이들은 말한다. 이 영화가 82년생이 아니라 62년생, 72년생 김지영을 다룬 것이라고 말이다. 이는 예전보다 많이 나아졌다고 말하는 것을 의미한다. 그런데 90년생 가운데에도 가사와 육아를 여성이 당연하게 해야 한다는 가풍에서 자란 여성은 얼마든지 있다.

또한 같은 자극이라고 하더라도 사람마다 다를 수 있다. 이는 일률적으로 적용할 수 없음을 말한다. 정신장애의 발생은 각자의 상황에 따라 달라질 수밖에 없으며 절대적으로 평가할 수 없는 면이 있을 것이다. 여성이 좀 더 양성평등의 원칙에 맞게 교육받거나 그러한 기대감을 갖고 성장했을 때 그렇지 않을 때보다 더욱 현실의 상황을 대하는 감각의 정도는 다를 수밖에 없다.

그렇기에 예전보다 나아졌기 때문에 지금은 힘들지 않으며 나아가 힘들어하는 것을 의지박약의 문제라고 치부할 수는 없는 것이다. 기대감에 따른 현실 간 괴리는 고통을 가중시킬 수 있고 그것이 정신장애로 연결될 수가 있다.

이 영화에서 또 하나 눈에 들어오는 것은 정신장애 현상을 바라보는 관점이라고 할 수 있다. 빙의 현상을 정신장애로 본 남편 정대현은 정신과 전문의를 찾는다. 하지만 정작 아내 김지영에게 말하지 못한다. 점점 증상이 심해지면서 남편은 장모님에게 아내의 상황을 알리게 된다. 이 상황을 알게 된 김지영의 어머니는 슬픔과 분노에 차게 되고 마침 아들에게 개소주를 챙겨주는 남편을 보고 아들만 신경 쓰고 딸이 어떤 지경에 처했는지 모른다면서 아들과 남편에게 화를 내쏟는다. 부부 갈등이 치달은 것은 김지영이 경력 단절녀를 극복하고 다시 일하고자 할 때였다. 빙의 증상이 있는 아내가 밖에 나가서 일을 한다? 고민스러울 수 있었다. 마침내 남편 정대현은 본인 김지영에게도 이 같은 사실을 알리게 된다.

요컨대, 이 영화에서 가사와 육아 노동의 고통이 정신장애의 빙의 증상으로 나타났다고 볼 수도 있을 것이다. 다만 이는 상대적인 고통인데 이른바 문화적 가치와 현실의 괴리현상에서 발생하는 신경증적 현상이라고 생각한다. 내가 이러한 방향으로 가야 한다고 생각하지만 그것에 부응하지 못하는 현실의 차이에서 정신적인 갈등은 심해진다. 자신이 믿고 있는 가치의 강도가 강할수록 그것이 만약 사회 집단화가 더 넓다면 이 갈등은 비단 개인 차원을 넘어서게 된다. 정신장애 현상이 단지 개인의 물리적 정신적인 기능성에서 발생하는 것이 아니라 문화적 가치에서 비롯할 수 있음을 82년생 김지영을 통해서 짐작할 수 있다.

그렇다면 이에 대응하는 치유나 치료법도 같은 맥락에서 모색되어야 할 필요가 있을 것이다. 아니 좀 더 긍정의 힘을 얻을 수 있는 방법으로 우리 스스로든 사회적으로 주입된 것이든 문화적 가치 수준을 낮추는 작업도 선행될 필요가 있는 것이다. 문화적 가치는 우리가 이상적으로 지향하면서 끊임없이 노력해야 하지만 그것이 반드시 꼭 이뤄야 하고 이루지 못한다면 자신이 못난이이거나 사회적으로 뒤처지는 존재임을 증명하는 점은 아니다. 결국 같이하는 사람들과 끊임없이 대화하고 현실에서 이룰 수 있는 부분을 조율하고 합의하는 과정이 중요할 것이다.

천재적 장애인이
행복해지는 법

- '고기능성 발달장애'의 미래, <어카운턴트>

영화 〈어카운턴트〉(The Accountant, 2016)의 주인공 크리스찬 울프(벤 애플릭)
는 낮에는 회계사, 밤에는 킬러로 생활한다. 영화 장르로 치면 스릴러물
이자 액션 히어로물 같다. 이런 점만 생각한다면 그가 발달장애를 갖고
있다는 사실을 전혀 알 수가 없다. 역시 할리우드 영화는 사회적인 메시
지를 담고 있는 스토리도 장르물과 결합해 오락영화로 만들어낸다. 그
렇게 보면 황당하지만 이 영화는 '장애인의 행복 찾기'라는 주제를 담아
내고 있다고 생각한다. 그것은 내적 외적인 역량을 스스로 갖추거나 재
능을 살리는 일을 해야 할 때 생각해볼 수 있겠다. 자신을 스스로 지킬
수 있고 일하고 있을 때 행복에 좀 더 가까울 수 있을 것이라 전제하면
말이다.

그는 그간의 장애인 영화의 주인공들과 달리 인도네시아의 무술 '펜
트작실랏', 일본의 '주지츠' 등의 무공 실력을 갖고 있다. 여기에 더해서
백발백중 명사수로 총기도 능수능란하게 다룬다. 그러한 무술 실력과
격투기 사격 실력을 갖추게 된 것은 바로 아버지의 훈육 때문이었다. 아

버지는 현역 군인으로 아들이 강하게 크기를 바란다. 더구나 아들이 발달장애로 매우 소극적인 태도를 갖고 있었기 때문이다. 그렇기 때문에 어린 시절부터 아들에게 무술 등 격투기를 가르치는 것이 아버지의 역할이라고 생각할 수도 있겠다.

이러한 덕분에 우월한 육체적 역량을 배가하게 된 크리스찬은 자신을 노리는 킬러는 가차 없이 공격하고 제거한다. 비록 액션 스릴러 방식의 전개이지만 그것은 장애인의 삶을 현실적으로 그리기보다는 은유적으로 그린 설정일 것이다. 진짜 총으로 마구 쏘라는 말도 아니고 실제로 장애인을 킬러들이 살해하는 일은 영화와 같지는 않을 것이기 때문이다. 킬러는 장애인을 향한 편견과 차별을 은유하거나 상징한다.

이제 그의 내적인 능력을 보자. 그는 발달장애인데 회계사로 활동한다. 그것도 다른 회계사들이나 조직 구성원들이 할 수 없는 역량과 능력을 가지고 있고 문제점들을 해결한다. 이는 비장애인들이 할 수 없는 일들을 척척 해내기 때문에 장애인의 멋진 사회생활이자 통쾌한 성취감을 대신 공유할 수 있게 한다.

이렇게 발달장애를 갖고 있는 가운데 특별한 재능을 보이는 것을 '고기능성 발달장애high-functioning autism'라고 한다. 크리스찬은 숫자, 암산, 수리적인 분석 능력이 뛰어나기 때문에 회계사로 활동할 수 있었던 것이고 이는 영화 〈레인맨〉에서 더스틴 호프만이 뛰어난 연기력을 통해서 잘 보여주었다.

그렇지만 영화 속 캐릭터 레인먼드는 자신이 직접 직장 생활을 하는 것은 아니다. 정신병원에 갇혀 있을 뿐이다. 심지어 자신이 막대한 아버지의 유산을 물려받았는지도 모를 뿐이다. 뛰어난 숫자 감각만이 있을 뿐이다. 그가 역량을 발휘하는 것은 도박장에서였다. 숫자를 모조리 외우는 능력 때문에 도박에서 이기게 되고 동생 찰리(톰 크루즈)와 돈을 많이 벌게 되어 다시 형제간의 우애를 찾게 된다.

일확천금을 갖게 되는 이런 천재적인 능력을 서번트 증후군이라고도 한다. 미국 위스콘신의대 대럴드 트레퍼트 교수에 따르면 발달장애인의 10% 정도가 여기에 속한다는 연구 결과도 있다. 이 증후군은 많은 영화나 드라마에서 단골로 쓰였기 때문에 식상할 정도이다. 영화 〈레인맨〉의 실제 모델인 킴 픽은 책 9,000권을 모두 외우고 한쪽을 읽는 데 8~10초 정도라고 하니 인간 스캐너라고 할 수 있을지 모른다. 음악인이라고 하면 악보나 가사를 기가 막히게 다 외울 것이다. 집중력이 강하기 때문에 집중한 것 그대로 뇌 안에 흡수할 수 있는 역량과 능력이 생기는 것이 이상하지는 않을 것이다.

이 영화의 역할과 기여점은 발달장애인도 비장애인과 같이 감정과 사고능력을 가진 존재라는 사실을 보여주었다는 점일 것이다. 영화 〈어카운턴트〉의 주인공은 회계사일 뿐만 아니라 회사에 들어가서 뛰어난 능력을 보인다. 그는 높은 집중력을 보이면서 남들이 포기할 수 있는 과제들을 해결한다. 이는 인간 스캐너같이 뛰어난 기억력만으로는 설명되지 않는다. 발달장애인에게는 아스퍼거 증후군도 있는데 이 증후군이 있으면 집중력이 뛰어나고 미세한 지점에 분석 능력, 하나의 주제에 평생 줄기차게 매진하는 힘을 준다는 것이다. 따라서 크리스찬은 서번트 신드롬보다는 아스퍼거 증후군이 더 강하다고 할 수 있을 것이다.

이 영화의 또 다른 기여점은 발달장애인들이 더 정의감에 충실할 수 있다는 점이다. 크리스찬이 왜 액션 영웅으로 나오는가. 그 비현실성을 말하기보다는 이런 점에 초점을 맞출 필요도 있는 것이다. 발달장애인은 원칙과 가치 중심으로 더 사고하고 행동할 수 있기 때문이다. 단지 융통성 없는 존재로 접근하는 방식은 다시금 일깨움을 주는 점이 아닐까 싶다.

또한 크리스찬에게 지시 명령을 하는 여성의 존재도 생각해 볼 필요가 있다. 크리스찬이 어린 시절에 만났던 그녀는 더 이상 존재를 밝히지 않지만 그에게 모든 지령과 일거리를 준다. 그 여성도 같은 장애를 갖고 있기 때문에 동병상련의 처지라는 것을 생각할 수 있다. 충분히 장애를 갖고 있는 여성도 일할 수 있고 나아가 사회 정의를 위해서 능동적인 활동을 충분히 할 수 있다는 것을 보여주는 것이다. 더구나 여성이 단지 수동적인 존재가 아니라 능동적인 존재로 등장한다는 점이다. 그렇지만 여전히 자신의 존재를 드러내지 않는다는 점에서 여성의 녹록지 않은 처지를 말해주고 있는지도 모른다.

두 사람의 공통점은 범죄 조직과 국가, 모두에게서 공격받는다는 사실이다. 이는 무슨 뜻이 있지 않을까. 감독이 생각하지 않았다고 해도 다음의 두 가지를 교차적으로 의미하고 있는지 모른다. 장애인들은 국가에서도 환영받지 못한다. 편견과 차별을 지닌 자들도 마찬가지로 그들을 공격한다. 그렇기 때문에 장애인들은 자기 스스로 자구책을 가져야만 한다는 의미로 해석할 수도 있겠다.

어린 시절의 불우한 경험 때문에 평생 트라우마를 갖고 있는 크리스찬은 끊임없이 그것을 극복하기 위해서 노력한다. 가족을 통해서 얻을 수 있는 트라우마가 지속될 수 있다는 것은 누구나 생각할 수 있다. 결국 그 스스로 어떻게 극복할 것인가는 여전히 평생의 화두인데 그것은 단지 무술과 총기로 다른 불의한 무리를 없앤다고 해결되지는 않을 것이다.

크리스찬은 감정 표현과 사회 관계성에 문제가 있지만 자신만의 방식으로 어려움을 헤쳐 나간다. 그가 아스퍼거 증후군을 갖고 있다는 것은 단지 천재성이 있어야 성공적인 삶, 행복을 찾을 수 있다는 것을 말하고자 함이 아닐 것이다. 장애인에게 있는 특징과 나아가 재능을 가지고 능히 헤쳐 나갈 수 있는 기회를 많은 사회와 국가가 줄 때 그들에게도 도움이 될 것이다. 그렇지 않을 때 정말 총기와 폭력을 행사하게 될지 모른다. 그것도 정의와 선을 위해서가 아니라 오로지 자신의 욕망을 위해서 말이다.

영화에서 그는 처음에 범죄 조직의 돈을 관리해준다. 그에게 지령을 내리는 여성도 마찬가지다. 그들은 왜 이런 곳에 발을 들여놓게 되었을까. 장애인 주인공이나 조연들이 범죄 조직에서도 활동하는 것을 볼 수 있는데 이는 제대로 일이나 직장을 잡을 수 없는 엄연한 고용 현실이 있기 때문이 아닐까 생각해보게 한다. 단지 낯설고 자신들에게 약간 불편하다는 이유로 말이다. 그러나 사회관계는 언제나 편하지만은 않고 다만 그렇게 핑계를 대고 싶을 뿐이며 그러한 상황 심리에서 헤어나지 못할 때 조직이나 사회의 성취도 발전도 없다.

발달장애인도
법정 증인이다

- 발달장애인의 남다른 점, <증인>

발달장애인이 재판정에서 증언한다면 과연 법정은 그것을 받아들일까? 무조건 다 받아들여야 한다고 할까. 영화 〈증인〉(2019)은 다른 자폐 소재 영화와 달리 진일보한 점이 있었다.

첫 번째는 자폐 청소년이 법정에서 증언하는 소재가 다른 영화와 달리 특별했다. 다른 점은 또 있었다. 대부분의 장애 관련 영화는 장애인들의 현실을 알리는 데 주력한다. 그런데 이 영화는 자폐장애인이 장애인의 현실을 넘어 사회적으로 기여할 수 있는 존재라는 점을 담아낸다. 과연 자폐장애인의 진술을 인정해 줄까 하는 의구심이 있는 현실의 장벽이 있어 보이기 때문이다. 영화에서 고교생 지우(김향기)는 살인사건의 목격자로 자신이 본 내용을 적극 진술한다. 또한 뒤이어 열린 재판에 엄마가 극구 말리는데도 참여하려고 노력한다. 물론 힘겨운 장애 조건이 있음에도 불구하고 말이다.

두 번째는 자폐 장애에 대한 상세한 설정으로 관객들의 이해를 돕는다는 점이다. 이를 위해 등장하는 인물이 검사 이희중(이규형)인데 그는 자폐장애인에 대해 남달리 이해가 높고 이를 바탕으로 지우가 법정에서 증언할 수 있도록 이끌어간다. 이렇게 자폐장애인에 대해 놀라울 정도로 이해력과 친교성이 강했던 이유가 있었다. 그는 자폐 장애가 있는 동생을 통해서 자폐장애인에 관해 폭넓은 이해를 갖고 있었던 것이다. 장애인은 따로 존재하는 것이 아니라 우리 가족같이 간주될 때 다 잘 이해할 수 있다는 점을 거꾸로 드러내주는 캐릭터였다. 검사 이희중 역을 맡았던 이규형은 드라마 〈라이프〉에서 중도장애인 심사관 역할을 훌륭하게 소화해 냈기 때문에 이런 점에서 기시감이 들기도 한다.

세 번째는 장애인에 대한 인식 개선을 목적적이거나 인위적으로 하려 하지 않는다는 점이다. 등장인물들의 이해관계에 따라 자폐 장애에 대해 자연스럽게 관심을 이끈다. 이를 위해 설정된 인물이 변호사 양순호(정우성)인데 그는 법정에서 피의자를 변호해야 하는데 오히려 지우의 증언이 불리하게 작용할 수 있음을 인지한다. 변호를 위해서 지우와 친해지려 하고 자폐장애인의 상황과 처지를 파악한다.

특히 감독은 이 부분에서 자폐인의 시각에서 세상에 어떻게 보이는지 영상 자료는 물론 시각적 영상 처리 과정을 영화 장면에 보여주어 비장애인들에게 자폐장애인의 시야를 직접 체험하게 유도한다. 이를 통해 자폐장애인의 청각은 예민하여 뇌를 날카롭게 자극하고 눈은 시각적인 현란함을 통해 한 곳에 집중할 수가 없다는 것을 인식하게 된다. 때로 소리를 지르는 이유가 이 때문인 것이다. 백 마디 말이나 이론적인 묘사보다 직접 느낄 수 있다. 이는 할리우드 영화 〈맨 오브 스틸〉(Man of Steel, 2013)에서 시도된 적이 있다. 슈퍼맨이 알고 봤더니 시각 장애를 갖게 되었는데 뇌가 너무 뛰어나고 민감했기 때문이었다. 결핍이 아니라 과잉이 오히려 뛰어남이 된다는 역설이 들어 있다.

뛰어나지 않기 때문에 정상일 수 있다. 밖으로 나가지 않으면 안으로 깊어질 수 있고 안에서 깊어지지 않으면 밖으로 깊어질 수 있다. 결핍으로 보이는 것이 사실은 지나침일 수 있다. 이와 관련하여 이 영화에는 어느새 다른 장애 관련 영화에서도 흔히 볼 수 있는 캐릭터 능력에 관한 설정이 등장한다. 바로 지우의 비범한 능력이 결정적으로 발휘되는 점이다. 서번트 신드롬 수준은 아니지만 넥타이나 손수건 무늬를 단번에 알아 맞춘다. 시각은 물론 청력도 발달해 먼 거리에 있는 사람들의 말을 다 듣는다. 듣는 것에 그치지 않고 기억하는 것은 지능의 수준을 말하는 것이다. 108마디의 말을 정확하게 기억하는 지우. 그 놀라운 능력은 결국 재판에서 결정적인 기여를 하게 된다.

이런 설정은 〈레인맨〉 이후 수많은 영화에서 등장했다. 그런데 그렇지 않은, 즉 천재 같은 능력이 없는 자폐인의 말은 법정에서 증거 채택이 여전히 안 됐다. 다만 자폐인이 모두 천재적인 능력을 가진 건 아니다. 영화 〈말아톤〉에서는 육상 코치가 혹시 초원이(조승우)가 계산 천재가 아닐까 시험하려 하지만 아니라는 점이 곧 밝혀지는 장면은 이를 잘 나타내 준다.

어쨌든 이 영화에서 말하듯이 장애 특성에 맞게 과정과 환경이 조성된다면 법정 증언을 하지 않을 이유가 없다. 법적 증거력도 당연히 될 것이다. 또한 장애인이라고 하여 거꾸로 이용하거나 방관 무시하는 인권유린도 덜 할 것이다. 아니 그것을 꼭 장애라고 할 필요는 없다. 각자 재능은 다르기 때문이고 이를 어떻게 제 쓰임에 맞게 하는가가 공공성이 고민해야 하는 노릇이다.

단순히 이 영화는 선과 악의 대결로 몰아가지 않는다. 선과 악의 상대성은 흔히 현실에서 벌어질 수 있으며 이를 통해 자폐장애인들에게 닥칠 현실도 말한다. 애초에 이 영화의 전개에서 불편한 점이 있는데 바로 변호사 양순호(정우성)의 행동이었다. 그가 지우에게 접근한 이유는 살인 피의자를 옹호하는 변호인의 역할을 충실히 하려고 했기 때문이었다. 그런데 선한 변호사인 듯싶은데 단지 지우가 증인 자격이 없음을 밝히기 위한 것이었기 때문에 악인으로 보였다. 노인을 살해한 혐의를 받고 있던 가정부는 정말 진범이었는데도 말이다.

이 영화의 매력은 생각하지 못한 변호인의 반전 행동이었다. 피의자를 변호해야 하는 변호사의 본분을 잊지 않으면서 진범을 찾아내는 과정이 법정에서 생각지 못한 결과를 만들어내기 때문이다. 즉 변호인으로서 살인 교사 사주를 받은 점을 밝혀도 중형을 피할 수 있게 하면서 다른 진범을 잡게 한다. 이런 맥락에서 사회적 메시지나 서사 구조의 차별성은 인정할 수 있겠다.

그렇다면 이 영화는 전적으로 비장애인 양순호의 활약상만 돋보이는 영화일까. 지우는 과연 어떤 성취를 했을까. 『역사의 연구』에서 토인비는 역경에 대응해서 도전도 강하게 성취하게 될 것이라고 하면서도 너무 역경이 과하면 오히려 도전의 결과가 없을 수 있다고 말했다. 아마도 지우는 법정 증언을 통해 자신의 말을 받아들여줄 수 있는 사회를 인식하게 되었을 것이다. 천재적 능력으로 음악이나 암산을 기막히게 하여 뛰어난 업적을 보이지 않아도 각자 살아가는 데 조금만 더 능력을 발휘할 수 있는 생활인이 더 중요하지 않을까 싶다. 어쨌든 이 영화의 기여는 자폐 장애인이 바라보는 세상을 시각적으로 구현해 보여주었고 이를 통해 재판 참여의 증인으로 나설 수 있음을 이상적으로 보여주었다는 점이다.

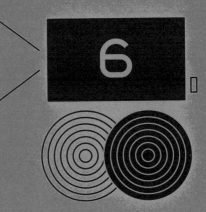

갯벌이 장애인에게 갖는
의미와 가치

- 장애인의 일과 일터, <재심>

우리는 영화 속 장애인의 모습을 통해 장애인에 관한 화두를 생각할 수 있다. 비단 장애인이 주인공이 아닐지라도 곧잘 조연에게서도 생각할 실마리를 마련해 준다.

영화 〈재심〉(2017)도 마찬가지다. 영화 〈재심〉은 약촌오거리 사건의 재심을 다룬 작품으로 억울하게 누명을 쓰고 10여 년을 감옥에 갇혀 있던 청년(강하늘)이 무죄를 받기 위해 고군분투하는 내용을 담고 있다. 이 가운데 그 청년의 무죄를 밝혀내기 위해 애쓰는 변호사(정우)가 또 다른 주인공이다. 여기에서 빠질 수 없는 인물은 청년의 어머니이다. 어머니가 아들의 누명을 벗기기 위해 최선을 다한다.

영화 〈조작된 도시〉에서도 아들(지창욱)이 살인 피의자로 누명을 쓰고 수감되자 그 누명을 벗기기 위해 고군분투하는 내용을 담고 있다. 억울한 누명을 썼을 경우 최후까지 곁에서 믿어 주는 존재는 어머니라는 점을 생각하게 만든다.

영화 〈재심〉에서 어머니는 시각장애인이었다. 앞이 보이지 않는 상태에서 아들의 무죄를 위해 노력하는 모습은 더 힘들 수 있다. 따라서 이 영화에서 어머니의 시각장애는 어머니의 어려운 상황을 강조하기 위한 장치라고 볼 수 있을 것이다.

그런데 이 영화에서 주목하고 싶은 것은 어머니가 시각장애인임에도 불구하고 열심히 아들의 누명을 벗기기 위해 노력하는 모습이 아니다. 눈여겨보고 싶은 점은 시각장애를 가진 어머니의 일이다. 장애인에게도 일터는 경제적인 면으로나 자아 충족감을 위해서도 중요하다.

그런데 이 영화에서 어머니가 일하는 공간은 갯벌이다. 다른 영화에서는 잘 등장하지 않는 설정이다. 생태학적 공간으로 생산되는 갯벌이 그런 공간으로 등장한 영화가 있어 잠깐이라도 반갑다.

어머니(김혜숙)는 앞이 보이지 않지만 아들(강하늘)이 살인 혐의로 감옥살이를 하고 나온 뒤 사회 적응을 잘하기를 바란다. 그런데 난데없는 날벼락이 또 떨어졌다. 구상권이라는 낯선 통지가 왔기 때문이다.

어려운 법률 용어인 것은 차치하고 돈을 1억 7천만 원이나 갚으라고 한다. 갯일을 하는 어머니가 무슨 돈이 있을까. 상황은 이러했다. 살해된 택시 기사에게 근로복지공단이 보상금 4천만 원을 지급했는데 10년 만에 이자가 붙어 1억 7천만 원이 되었던 것.

어머니는 억울한 옥살이를 한 아들이 이제 1억 7천만 원까지 갚아야 하는 상황이 되었다는 사실에 분노하고 근로복지공단을 찾아가 한바탕

항의한다. 상대가 누군지도 모르지만 분노는 불합리한 세상을 향했다.

어머니가 시각을 잃게 된 것은 당뇨병 때문이었다. 이는 누구에게도 닥칠 수 있다. 다만 아들이 10년 동안 감옥에 갇혀 있는 사이 어머니는 시각장애인이 되었다. 아들의 얼굴을 전혀 볼 수가 없다. 이제 아들이 억울한 누명을 쓰고 감옥살이를 한 것에 더해 구상권에 분노하게 되었다. 아들이 감옥에 가기 전에는 무고함을 호소했고 이제는 구상권이 억울하다고 호소하며 로펌의 법률 상담 서비스를 신청한다.

우여곡절 끝에 또 다른 주인공 변호사 이준영(정우)과 연결된다. 아들 조현우는 거부감을 나타내지만 어머니는 적극적이어서 아들은 받아들일 수밖에 없다. 앞이 보이지 않는 상태에서 갯일을 하는 어머니가 아들의 빚 1억 7천만 원을 갚을 수 없다.

또한 아들의 변호사 수임료를 낼 수도 없다. 하지만 갯일은 어머니에게 많은 돈이 아니라 다른 의미로 받아들여진다. 어머니는 눈이 보이지 않지만 갯벌에서 조개를 캔다. 갯벌에서 캔 조개를 칼로 잘 손질한다. 조개를 칼로 손질하기는 눈이 안 보여도 능숙하게 할 수가 있다.

어머니에게 갯벌은 일터이고 작업장이다. 그곳에서 오랫동안 갯일을 하면서 생활비를 벌어왔다. 비록 시각장애인이 되었지만 그 갯벌에서 여전히 일하고 있는 것이다. 자신의 손끝 감각을 활용해 조개를 채취하며 마을 사람들과 함께 갯벌에서 이야기를 나누며 일한다.

또한 캐온 조개를 동네 사람들과 같이 손질하여 내다 판다. 조개 까기의 달인. 생활의 달인을 떠올릴 수 있는 대목이지만 영화는 신기를 보여주는 이벤트 느낌으로 접근하지는 않는다. 시각장애인에게 갯벌은 자신의 일을 계속할 수 있는 공간으로 등장한다.

시각장애인이 되고 그냥 집에 있는 수동적인 모습이 그려지지 않기 때문에 고무적이다. 비장애인들이 항상 갯벌의 주인공으로만 등장했는데 시각장애인들의 일터가 될 수 있다는 점을 충분히 알려 주고 있다.

무분별하게 매립되는 갯벌은 그래서도 더 소중하다. 노후에 장애가 생겨도 평생 갯벌에서 일했던 사람들에게는 소중한 일터이면서 삶의 역사이다. 그러나 후천적 시각장애인이 된 어머니에게 항상 갯벌이 편한 공간만은 아닐 것이다.

어느 날 아들은 어머니가 집에서 갯벌을 나가는 길목에서 갯벌 안까지 줄을 이어 놓는다. 어머니가 갯벌에 나갈 때 이동하기 좋게 줄을 이어 놓으면 어머니에게는 참 편한 일이다. 줄을 보고 어머니가 좋아하면서 아들을 칭찬하자 아들은 잠깐 환하게 웃는다.

그러자 어머니가 "너 지금 방금 웃었냐?"라고 환하게 말한다. 살인 누명을 쓰고 억울하게 옥살이를 한 아들은 그동안 웃음 한 번 보이기 힘들 만큼 마음의 여유가 없었던 것일까. 아들은 자신의 억울한 누명을 벗을 수 있는 기회가 열리는 듯하니 어머니가 다니기 좋게 줄을 매어 놓을 생각도 한 것이다.

처음에 아들은 재심에 나서려 하지 않지만 이준영 변호사가 "너는 그렇게 산다 해도 어머니가 너를 그렇게 바라보고 어떻게 사냐?"고 따져 묻게 되면서 마음을 바꾼다. 어머니는 눈이 안 보여도 갯벌에서 일했고 아들은 재심의 길이 열리자 어머니를 위해 갯벌에 갈 때 잡고 갈 줄을 매었다. 흔히 사람은 희망의 빛을 볼 때 누군가에게 희망의 빛이 되고자 한다.

앞이 안 보인 어머니 때문에 아들은 재심에 성실히 임하고 마침내 결과는 해피엔딩. 이 영화에서 눈이 보이고 안 보이고는 중요치 않다. 다른 시각장애를 생각할 수 있기 때문이다.

눈이 안 보이게 된 어머니, 그리고 살인자 누명을 쓰고 복역하고 나와서도 구상권을 청구받은 아들, 누명을 벗겨 주려 고군분투하는 변호사, 그리고 그들을 집요하게 방해하는 이들.

이준영 변호사는 말한다. 우리가 너를 그렇게 죄인으로 만들었다고. 자신부터 그렇게 한 셈이라고. 어린 소년이 살인죄를 뒤집어쓰고 복역하고 다시 그 청년을 이용하려 했던 행위에 대한 반성이자 자책이었다.

우리는 모두 눈이 안 보인다. 돈이라는 허울에 씌어 스스로 세상을 버렸다. 갯벌처럼 엄청난 돈을 벌어 주지 않는다 해도 영원한 자연의 밥줄을 우리가 큰돈을 바라고 매립하듯 말이다. 정작 갯벌의 진정한 가치를 보지도 못하면서 말이다.

　장애인들에게 일터가 될 수 있는 갯벌을 매립하지 말고 살려야 한다. 갯벌이 장애인에게 갖는 의미와 가치를 이 영화를 통해 한번 성찰해 볼 필요가 있다.

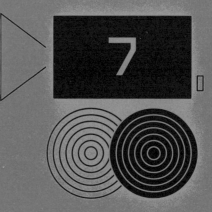

비장애인과 첫사랑을
이룰 수 있을까

- 장애인 비장애인의 사랑, <우리들의 완벽한 세계>

비장애인 여성과 하반신 마비 장애인 남성의 결혼이 비현실적이라고 할지 모른다. 아무리 잘생기고 멋진 청년이라고 해도 여성이 선택할 수 있을까 의구심이 들 수 있다.

그런데 실제로 그런 커플이 있다. 사회적으로 알려진 가수 강원래·김송 커플이 있고 무용가 김용우·이소민 커플이 그들이다. 물론 그들에게도 현실적인 어려움이 있었음은 분명하다. 장애인 스스로도 자신이 배우자에게 불행을 주지 않을까 걱정과 우려를 하고 스스로 자책하는 가운데 거부할 수도 있다.

영화 〈우리들의 완벽한 세계〉(Perfect World, 2019)는 비장애인 여성과 하반신 마비 청년의 사랑 이야기를 담아내고 있는데 비현실적으로 보이지 않는 것은 그 때문이다.

카나와(스기사키 하나)는 이츠키(이와타 타카노리)에게 사랑을 느낀다. 그것도 첫사랑. 하지만 한 번도 고백하지 못한다. 그는 인기 많은 멋진 선배였기에 머뭇거릴 수밖에 없었다. 그렇게 학창 시절은 지나고 대학을 거처 카나와는 사회생활을 하게 된다. 우연히 잡지에서 이츠키가 촉망받는 건축사로 활동하고 있는 인터뷰 기사를 보고 다시금 첫사랑의 감정에 설렌다. 그런데 이게 무슨 일인가. 마침 회식 자리에서 꿈에도 그리던 첫사랑 이츠키를 다시 만나게 된다. 너무 멋진 여전한 모습은 동료 여성들도 반색하고 분위기는 들뜨게 된다.

그런데 이츠키가 신발을 신고 식당을 나가려 할 때 그가 척추 장애인이라는 사실을 목도하게 된다. 카나와는 물론이고 주변 사람들조차 놀라고 만다. 그는 나중에 들려준 이야기를 통해 알게 되는데 대학교 3학년 때 자전거를 타고 가던 그가 교통사고가 나서 하반신에 감각이 없다고 했다. 그는 그렇게도 좋아하고 잘하는 농구도 더 이상 할 수 없는 것으로 보였다. 뛰어다닐 수 있는 몸이 아니었기 때문이다.

아마 관객들은 이후에 카나와가 이런 모습을 보고 어떻게 행동할까에 대해 궁금할 것이다. 카나와는 여전히 그를 사랑하고 있었다. 이츠키는 비록 장애를 갖게 된 자신의 처지를 비관하며 피폐하게 산 적도 있지만 지금은 건축사로 공모전에 응시하는 등 적극적인 삶을 살아가고 있었다.

그러나 마음 한편으로는 자신이 여전히 다른 이들에게 민폐이며 특히 자신이 사랑하는 여성에게 불행을 줄 수 있기 때문에 떠나보낸다. 전 여자 친구 미카에게 차갑게 대하고 결국 그녀가 결혼하는 소식을 전하는데도 매정하게 한다. 카나와는 미카의 결혼식에 그를 억지로 데리고 가서 마음과 화해하도록 돕는다. 그 뒤에 이츠키는 카나와에게 고맙다고 말하지만 이츠키는 여전히 사람을 받아들이려 하지 않고 카나와에게 자신에게 마음이 있다면 포기하라고 말한다.

하지만 카나와는 적극적인 주체적 인물이었다. 자신의 감정을 마음대로 결정짓지 말라고 한다. 이츠키가 다른 사람에게 민폐를 줄 것이라는 결론을 쉽게 내리지 말라고 말했던 것이고 그 말과 동시에 사랑을 고백한다. 이츠키는 카나와의 결론을 규정짓지 말라는 말에 흔들렸는지 카나와의 사랑을 받아들인다. 두 사람은 본격적으로 사귀게 되는데 정작 카나와의 아버지는 반대한다. 시련이었다. 단지 딸에게 반대 의사를 표한 것이 아니라 이츠키에게 찾아가 정중하게 고개를 숙이며 헤어져 달라고 한다. 자신은 딸의 행복을 바란다는 것.

마침 지하철에서 쓰러지는 카나와를 잡지 못해 자책감에 휩싸이게 되고 마침내 이츠키는 카나와에게 이별을 선언한다. 비록 헤어지게는 했지만 카나와는 이츠키에 대한 감정을 없애지 못하고 언제나 그러고 있다.

항상 카나와를 좋아하던 고레에다 히로타카(스가 켄타)는 그의 마음을 넌지시 전하지만 카나와의 마음은 여전히 그를 향한다. 결정적인 위기 상황에서 항상 카나와에게 도움을 주는 고레에다 히로타카지만 카나와는 자신이 좋아하는 사람과 이뤄가는 사랑을 계속 고수한다. 그러는 사이 아버지가 뇌경색으로 쓰러져서 도쿄를 떠나 고향으로 가 있게 된다.

어느 날 이츠키의 개인 간병인에게 연락이 온다. 이츠키가 큰 수술을 받는데 위험할 수 있다는 것. 도쿄 병원에 가기로 한 카나와는 아버지에게 사실대로 말한다. 이츠키가 큰 수술을 받아 가봐야 한다고.

딸의 말에 아버지도 말한다. 자신이 이츠키에게 헤어지라고 했고 그 말을 여지까지 하지 않은 것은 잘못이지만 그렇게 말한 것은 잘한 일이라고 했는데 뇌경색으로 쓰러지고 보니 깨달은 게 있다고 했다. 네 삶에 대해서는 네가 결정하라고. 이 말을 들은 카나와는 자신도 깨달은 바가 있다고 말한다. 사람은 혼자 살 수 없다는 것.

카나와가 병원에 도착하니 간병인에게서 편지가 전해졌다. 그것은 이츠키의 편지였다. 마지막일 듯싶다며 적혀 있는 내용은 고등학교 때 미래에 대한 꿈과 희망만 자신감과 함께 있었는데 사고를 당하고 재활은 효과가 없어 오로지 쓸모없는 민폐를 끼치는 자신을 자학했는데 그때 카나와를 만나 벽을 넘어 희망을 갖고 특별한 시간을 갖게 되었다고 말이다.

어려운 수술은 그의 생명을 위협할 수 있다고 했지만 다행히 그는 살아났다. 벚꽃이 피어 있는 그림 속의 배경인 둘이 있으면 완벽한 세상이 된다며 둘은 결혼을 결심하게 된다.

이츠키는 중도장애인이었다. 전도유망한 청년이 자전거를 타고 가다가 척수 장애인이 되었다. 예컨대 가수 강원래는 댄스 가수였는데 오토바이 사고가 나서 척수 장애를 갖게 되었는데 휠체어 댄스를 공연에 접목하고 장애인 예술단체를 만들어 활동하는데 주변 이들의 도움이 중요했다. 그의 반려자 김송의 역할도 지대했다. 이츠키는 비록 두 발로 자유자재로 할 수 있는 농구는 못하지만 휠체어 농구단 활동을 했다. 비록 그는 신경 장애로 몸에 상처가 나도 피가 나도 잘 느끼지 못하고 배설 신경 장애도 일으켜 배변을 잘하지도 못하지만 능동적인 주체가 되었다. 그는 건축사 자격증을 갖고 건축 설계를 하는 직업인이다.

겉으로 드러나는 모습이 아니라 그 사람의 본래 모습, 참모습을 사랑할 때 가능한 일이고 이는 결코 영화에만 존재하는 것이 아니라는 점을 실제 커플들이 말해주고 있다. 사람은 혼자 살 수 없다. 그것은 비단 장애인만이 아니라 비장애인에게도 해당하는 말이다. 누구나 중도장애인이 될 수 있고 평균 수명이 늘어나면서 숙명처럼 받아들여야 한다. 또한 중도장애는 가족 구성원에게 책임이 전가되는 것은 아니다. 사회와 국가가 지지하고 공적 서비스를 제공해주어야 한다.

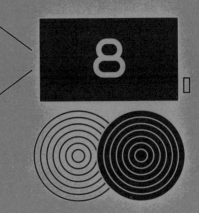

수화는 장애인 생존을
위해서만 있을까

– 수화의 재해석, **<콰이어트 플레이스>**

처음에는 〈콰이어트 플레이스〉(A Quiet Place, 2018)가 청각장애인 가족 이야기인 줄 알았다. 말소리가 없었기 때문이다. 등장인물들은 대화를 몸짓으로 하거나 손짓으로 했다. 아니 말을 아예 하지 않는 것은 아니며 청각장애인 이야기를 담은 영화가 아니라는 점을 알 수 있었다. 다만 목소리를 사용하는 말이 없을 뿐이었다. 그들 즉 가족 구성원들은 손짓으로 하는 말, 수화 즉 수어로 대화를 나누었다. 그러나 그들이 청각장애인 가족이 아니라는 사실은 상당한 시간이 지나고 나서 알게 된다. 그들은 살아남기 위해서 수화로 대화했다. 왜 그들은 수화로 대화해야 했고 그것이 생존과 어떻게 연결되는 것일까.

지구를 급습한 괴생명체는 청각이 매우 발달했고 이를 통해 자신의 먹잇감을 찾는다. 하지만 처음에 사람들은 괴물이 어떻게 사람을 해치는지 그 원인을 알지 못했다. 차츰 희생자의 경험이 쌓이면서 그들이 소리로 대상을 파악하고 해친다는 사실을 알게 된다. 앞을 보지 못하는 대신 청각이 발달하고 몸은 철갑을 둘러 어떤 공격도 방어해낸다. 그러므로 도처에 숨어 있는 그 괴물체들이 있는 한 지구인들이 소리를 내면 죽는 것이다. 이 때문에 가족은 모든 행동에서 실내외를 막론하고 소리를 내지 않으려 최대한 노력하는 것이었다.

그런데 이들이 어떻게 수화를 배운 것일까. 가족 구성원 가운데 진짜 청각장애인이 한 명 있었다. 이 때문에 가족 전체가 수화를 배워서 사용할 수 있었다. 청각장애인은 큰딸 '레건'이다. 놀라운 것은 레건 역의 배우 밀리센트 시몬스는 실제 청각장애인으로 알려졌던 점이다. 배우이자 감독 존 크래신스키는 처음부터 청각장애인 배우를 캐스팅하기로 마음먹었다고 밝혔다. 이는 우리의 영화 제작 현실에서 부러운 점이다. 상업 영화에서 우리나라에서는 청각장애인 역할을 비장애인 배우가 하는 것과 다른 점이기 때문이다. 단지 장애인이기 때문에 배려해야 한다는 것은 아니었다.

존 크래신스키 감독은 언론 인터뷰에서 배우 밀리센트 시몬스 때문에 도움을 받은 점을 고맙게 말했다. 현장에서 밀리센트 시몬스에게 청각장애인들의 감정 표현을 배웠고 더 많은 수화를 배우지 못해 아쉽다고 말했다. 감독은 밀리센트 시몬스에게 천사라고 표현하기도 했다. 무엇보다 실제 청각장애인을 캐스팅하게 되면 영화 속 배우들의 연기는 물론이고 수화도 정확하게 구사할 수 있게 되는 것이다. 즉 영화의 완성도를 높이는 데 실제 배우가 큰 역할을 하게 된다.

다시 영화 이야기로 돌아가서 소리를 내면 괴물에게 생명을 잃는 상황에서 청각장애인 레건을 통해 전 가족이 사용하게 되는 수화는 목숨을 지켜주는 매우 귀중한 언어이다. 여기에서 청각장애인 레건을 자세히 살필 필요가 있다. 레건은 다른 사람들과 달리 소리를 듣지 못하기 때문에 소리를 듣기 위해 노력해야 한다. 소리가 나는지 안 나는지 모르면 소리의 발생을 통해 일어나는 위험을 인지할 수 없기 때문이다. 이 때문에 아버지 리(존 크래신스키)는 큰딸을 위해 보청기를 수리하고 기능을 더 강화하려고 노력한다. 레건은 보청기를 끼는 자신의 모습이 싫지만 생존을 위해서는 보청기를 껴야 한다. 그것은 말소리를 알아듣기 위해서가 아니라 소음이 크게 들리는지 안 들리는지 알아내기 위해서이다. 혹은 자신이 그러한 소리를 낼 수도 있기 때문이다. 무엇보다 이 영화에서 청각장애인 레건은 주변인이 아닌 점이 중요했다. 이야기를 끌어가는 핵심적인 캐릭터이다.

영화 초반 막내 보(케이드 우드워드)의 죽음에 레건이 실수를 한 것 같아 마음의 짐이 무겁게 드리워진다. 시내 상점에서 물품을 챙기던 과정에서 막내동생 보가 우주 왕복선을 가지려 한다. 건전지를 끼우면 불빛과 함께 소리가 나오는 모형 항공기 장난감이었다. 아빠는 위험하다며 막내 보에게 이를 놓고 가야 한다고 말한다. 하지만 막내는 쉽게 자리를 떠나지 못한다. 이에 막내를 안쓰럽게 보던 레건은 건전지를 빼고 모형 항공기만 준다. 마음이 풀어진 막내는 웃음을 짓는데 아뿔싸 건전지까지 주머니에 넣고 이동하기에 이른다. 다리에 이르렀을 때 막내는 항공기 소리를 내기 시작했다. 레건은 그때 무슨 일이 일어난지 모른다. 아빠의 움직임을 보고 비로소 알게 된다. 곧 동생은 괴물이 잡아간다. 그 뒤로 더욱 더 아빠가 장애를 지닌 자신을 사랑하지 않는다고 생각한다. 아빠가 보청기를 고쳐서 주어도 잘 사용하지 않으려 한다. 보청기를 착용하면 둔탁한 물속에 있는 듯한 느낌마저 들게 된다.

그러나 결국 그 보청기 때문에 레건은 목숨을 구하게 된다. 우연히 괴물체는 보청기의 고주파를 견디기 힘들어한다는 사실을 알게 되었기 때문이다. 보청기의 고주파는 괴물체의 청각 기관을 증폭시켜 널브러지게 만들었다. 그러던 가운데 아빠는 아이들을 지키기 위해 스스로 몸을 던져 괴물들에게 자신을 희생한다. 이제 자신을 지켜줄 아빠는 없다. 엄마와 동생들을 지킬 수 있는 방법을 아는 레건은 보청기의 고주파를 더 올린다. 괴물체는 고통스럽게 몸부림을 치며 버티지 못한다. 소리를 단지 내지 않으며 숨죽이며 살아가는 것을 넘어 소리에 예민한 그들의 감각 기관을 역으로 공격하여 타개해 나가는 장면이 펼쳐지는 것은 자못 통쾌하기도 하다.

마지막 장면에서 총을 들고 괴물체를 겨누는 엄마와 보청기 소리를 마이크에 대고 증폭시키려는 레건의 모습은 인상적이다. 괴물체들의 청각을 자극하여 널브러지게 한 뒤 엄마는 충격을 가하며 적극적인 공세에 나서는 모습이 희망적이다. 여자이면서 청각장애인이기 때문에 수동적이었던 태도에서 벗어나 능동적인 모습을 보여주는 것이다. 누군가의 보호에 의존하는 비독립적인 모습과 이별을 고하는 장면이었다. 만약 이런 일련의 희망적인 장면들은 청각장애인 레건이 없었다면 불가능한 일이었다. 다른 가족이 희생될 때 수화를 통해 소리를 적게 낼 수 있었고 살아남을 수 있었다.

수화는 대개 장애인만이 사용하거나 봉사를 위해 배우는 것으로 생각할 수 있다. 그러나 이 영화를 보면 누구라도 생존을 위해 반드시 필요하다는 생각을 하게 된다. 청각장애인들도 생존을 위해 수화를 쓰듯이 이 영화는 주말 미국 개봉에서 박스오피스 1위에 올랐고 제작비 1,700만 달러로 개봉 첫 주말 5,000만 달러의 흥행성적을 거두었다. 이렇게 스타 배우에게 의존하지 않고 청각장애인 배우가 등장한 영화도 충분히 성공할 수 있다. 한국에도 이런 영화가 많아지기를 기원할 수밖에 없다.

즐기는 음악에
상류층, 하류층이 어디 있을까

- 계층 통합성, <그것만이 내 세상>

우리는 흔히 장애인이라 하면 불우한 처지에 있는 사람을 떠올린다. 언론매체나 드라마, 영화에서도 그런 점이 매번 부각된다. 이는 장애가 불우한 환경을 부각하는 장치나 상징으로 작동하기 때문이다. 하지만 얼마든지 상류층도 장애인일 수 있다. 다만 상류층의 비율이 크지 않을 뿐이겠다. 중도장애인도 상류층이라고 피해 갈 수는 없을 것이다. 조선시대 사대부 가운데 장애인이 많았는데 말에서 떨어져 지체장애인이 되는 경우가 흔했다. 조선시대의 말은 현대에서 자동차로 바뀌었다. 사대부 즉 상류층이 아니어도 자동차의 보편화로 누구나 차 사고의 피해를 입을 수 있게 상황과 환경이 변했다. 차에서 떨어지는 일은 없어도 자동차끼리 충돌하거나 자동차가 도로를 이탈하고 물체에 충돌하면서 몸이 손상당할 수 있게 되었다. 그러니 가난한 자, 부자인 자 누구나 공통요인을 갖게 되었다. 그렇다면 그 장애를 어떻게 공유시키며 통합적인 단계로 나갈 수 있을까. 영화 〈그것만이 내 세상〉(2018)에서는 음악 즉, 피아노를 선택했다.

영화 〈그것만이 내 세상〉에는 생각하지 못한 캐릭터가 장애인으로 등장한다. 바로 피아니스트 한가율(한지민)이다. 한가율은 유명한 피아니스트였지만 어느 날 갑자기 당한 교통사고 때문에 다리를 잃은 인물이다. 교통사고에 대한 후유증은 몸에만 남은 것이 아니라 마음에도 남아서 이후에 일체 피아노를 건드리지도 않는다. 지율의 어머니 복자(문숙)는 가율이 다시 피아노를 연주하도록 갖은 노력을 해왔지만 마음대로 되지 않는다. 그런데 다시 피아노를 만지게 되는 기회는 우연히 찾아온다. 그것도 자신이 무시한 인물 때문에 가능하게 되었으니 사소한 만남이나 인연도 무시하면 안 된다 싶은 마음이 다시금 든다.

38살이라는 적지 않은 나이에 스파링 파트너로 생계를 잇던 김조하(이병헌)는 복싱 체육관에서 사고를 쳐서 욕을 잔뜩 듣고 쫓거난다. 복서가 컵라면에 만화방을 전전하는 즈음 설상가상으로 교통사고도 당한다. 이때 그를 자동차로 친 인물이 한가율이었다. 한가율의 배려로 김조하는 병원에서 치료도 받고 대저택에서 식사도 대접받는다.

그러나 가율의 어머니는 못마땅해한다. 그를 자해공갈단이 아니냐는 식으로 대한다. 기분이 나빠진 김조하는 돈이나 뜯어내는 사람 취급하지 말라며 자신은 복서라고 하면서 집을 나온다. 그때만 해도 김조하는 한가율이 어떤 사람인지 몰랐다. 나중에 교통사고를 당해서 한쪽 다리가 망가졌고 의족을 사용하고 있다는 것을 알게 된다. 그렇게 의문은 풀린다. 한가율은 자신이 교통사고를 당해서 장애를 얻었기 때문에 김조하가 그런 장애를 얻게 된 것은 아닌가 해서 잘해준 것이다. 즉 상류층이었지만 중도장애인이었다. 이때까지만 해도 김조하는 한가율이 무엇을 하는 사람인지 몰랐다.

김조하는 17년 만에 어머니를 만나는데 비로소 자신에게 동생이 있다는 사실을 인식하게 된다. 그 동생은 오진태(박정민)로 자신과는 아버지가 달랐다. 또한 자폐장애인이었고 잘하는 것은 복싱 같은 것이 아니라 피아노 연주였다. 그냥 잘하는 수준이 아니라 특별한 재능을 가지고 있었다. 즉 많은 대중문화콘텐츠에서 부각된 바가 있었던 '서번트 신드롬'의 소유자였다.

반면에 김조하는 활동적인 성격에 따른 복싱 선수로 챔피언까지 따낸 경력을 가지고 있었다. 성향이 다르기 때문에 서로 마음에 들어 하지 않을 수 있었다. 사실 관심도 없었다. 어머니가 자신을 버리고 집을 나갔기 때문에 그에 대한 상처가 깊었으므로 동생의 존재 자체에 대해서도 좋게 생각하지 않았다. 다만 갈 곳이 마땅치 않은 때에 어머니를 우연히 만나게 되어 당분간 기숙을 할 뿐이었다. 전혀 다른 성격과 환경 때문에 티격태격할 수밖에 없는 점이 있을 수 있었다. 심지어 어머니는 조하에게 상처 주는 말까지 한다.

상황은 이러했다. 갑자기 진태가 배변을 하는 통에 복지관에 데려다

주는 일이 지연되어 하루 종일 경찰서에 있다 왔는데 어머니는 '어떻게 자랐는데 형편없는 놈이냐'라는 식으로 말하고 만다. 조하는 집을 벗어 나고 싶은 마음뿐이고 그때 캐나다에서 태권도 도장을 하고 있는 선배 를 찾아가려는 생각을 한다. 그런데 캐나다에 가는 비용만 5백만 원. 그 러던 가운데 어머니의 뜻밖의 제안을 받게 된다. 한 달 동안 부산에 가 는데 진태를 돌보라고 한다. 그러면 돈을 어느 정도 주겠다고 말한다. 그리고 피아노 콩쿠르에 참가하게 하라고 부탁한다. 상금이 2백만 원이 라고 말한다. 이 말에 조하는 귀가 솔깃하다. 이즈음 조하는 동생 진태 가 좋아하는 피아니스트가 한가율이라는 사실을 알게 된다. 한가율은 피아니스트로 화려하게 활동하던 중 사고가 나서 잠적했던 것이다.

여기에서 세상을 거칠게 살아온 김조하의 뚝심이 빛을 발한다. 동생 을 데리고 한가율을 찾아간다. 콩쿠르 준비를 하는 중인데 한 번 자기 동생을 봐달라고 부탁한다. 한가율은 거부한다. 하지만 연주하고 있는 진태의 실력을 보고는 마음이 움직이게 된다. 놀라운 실력에 경탄하며 심지어 분위기에 이끌려 진태와 같이 연주한다. 다음은 불 보듯 뻔했다. 능히 진태가 대회에 참여할 수 있도록 한다. 무엇보다 한가율의 어머니 는 딸이 다시 연주하는 모습에 한없이 기뻐한다. 고대하던 콩쿠르의 날, 좀 낯선 행동으로 사람들을 당혹하게 만든 진태는 결국 놀라운 실력으 로 연주회장을 사로잡는다. 조하는 진태가 우승은 따논 당상이라고 생각한다.

하지만 결과는 수상을 하나도 못 한 충격적인 것이었다. 알고 보니 진태가 장애인이기 때문에 주최자가 일부러 배제한 것. 한가율은 자신의 스승이기도 한 주최자를 찾아가 항의한다. 하지만 결과는 달라지지 않았다. 결과에 실망한 조하. 어머니가 암 투병 중이라는 사실까지 알게 된다. 상황은 최악으로 향하고 있었다. 그는 캐나다에 가기로 마음을 굳힌다. 그런데 그 사이 한가율의 어머니는 독자적인 갈라콘서트를 준비하고 그곳의 메인 연주자로 진태를 캐스팅한다. 그리고 콩쿠르에서 특별상을 받게 조치를 취하기도 한다. 부유층의 힘이 긍정적인 작용을 하는 장면이었다.

여기에서 두 가지 점을 지적할 수 있다. 진태는 자주 등장하는 서번트 신드롬을 가진 장애인 캐릭터를 보인다. 그런데 다른 소설이나 영화들과 다른 점이 있다. 그냥 천재 재능을 갖고 있는 것이 아니라 스스로 매우 음악을 즐긴다는 점이다. 정말 음악을 즐기기 때문에 열심히 음악을 하는 것이다. 연주회장에서는 이러한 즐김의 연주를 잘 보인다. 음악을 즐기는 모습은 단지 영화 〈터치 오브 라이트〉에서 시각장애인 피아니스트 황유시앙이 음악을 도전의 과제로 삼거나 영화 〈레인맨〉의 천재 형이 암산을 잘하는 것과는 다른 문제이다. 공자의 말대로 즐겨서 하는 사람을 당할 수는 없는 노릇이다. 21세기 창조인들은 그렇게 모두 즐

거야 탁월한 결과를 만들어낸다.

아울러 이 영화 〈그것만이 내 세상〉은 영화 〈언터처블 1%의 우정〉처럼 상류층 장애인을 등장시키고 그들이 할 수 있는 노블리스 오블리제를 말한다. 부자와 가난한 자를 적대적인 관계로 설정하지 않고 상호보완하며 상생할 수 있는 내용을 담고 있다. 그 매개 수단이 피아노 연주이다. 피아노 연주는 가난한 자나 부자인 자나 누구나 할 수 있고 그것을 매개로 동반자가 될 수 있는 것이다. 그래서 예술로 상류층이나 하류층이나 하나 되는 통합적 관점이 가능할 수 있다는 것을 보여주려 한다. 예술이란 서로의 상처를 확인하고 그것의 통합적 치유를 가능하게 하니 말이다. 그러려면 아무래도 가난한 이들에게 예술의 장벽 아니 접근을 방해하는 장애 요인들이 먼저 없어져야 할 것이다.

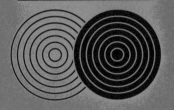

자립생활은
친엄마인가, 의형제인가

– 대안 가족, <나의 특별한 형제>

낳은 부모냐 아니면 키운 부모냐 이런 질문은 많다. 다른 질문도 가능하다. 낳은 부모냐 아니면 같이 지내고 성장한 의형제냐? 당연히 혈연이 섞인 부모라고 할 수 있을까. 부모님이 아니라 보육원에서 자란 지 적장애인 청년을 뒤늦게 부모님이 찾는다면 그 청년은 부모님을 선뜻 따라갈까. 더구나 보육원에서 함께 동고동락한 비혈연의 형이 있다면 어떨까. 같이 생활하는데 이미 너무나 친숙한 청년으로 성장했다면 달라질 것이다. 어린아이 상태로 있는 경우보다는 말이다. 왜냐하면 아직 아이는 부모의 보호가 필요한 때와 다 성장한 청년일 때는 다를 수밖에 없다.

이렇게 질문을 던질 수도 있다. 부모님과 함께 산다고 반드시 행복할까. 이미 독립해야 할 나이인지 모른다. 요즘에는 캥거루족들이 많기는 하지만 말이다. 아이에게는 정말 부모가 필요한 시기가 있다. 그 시기를 넘긴다면 오히려 아이에게는 짐이 될 수 있다. 이미 자신의 삶과 생활이 있는 청년으로 거듭났다고 하면 반드시 가족 구성원으로 받아들일 필요가 있을까.

어머니가 아이를 찾는다는 건 참 부담스런 일일 수 있다. 어머니는 자신이 아이를 버린 잘못을 속죄하기 위해서 그리고 자신이 못다 한 역할을 뒤늦게라도 만회하려 할 것이다. 그렇다면 어머니는 이중 삼중으로 더 어려움 속에서 그 역할을 해야 한다. 지적장애인 아들은 그동안 많이 달라져 있지만 엄마는 옛날 기억에만 의존해야 하기 때문이다. 만약 청년이 된 아이가 엄마에 대한 상처, 나아가 원한이 있다면 더 힘들게 할지도 모른다.

과거에 머물러 있다면 아이를 함께 데리고 살고 싶은 가족의 모습을 지금 구현하려는 것은 맞는 것인지 모른다. 하지만 시간은 흘러갔고 각자의 삶은 성장하거나 최소한 어떤 형태로든 형성되어 왔다. 과거로 되돌아가려 하는 모습은 당연한 것이지만 그 어떤 것도 미래로 와 있는 상황에 적절한지는 알 수가 없다.

지적장애인 동구와 엄마 사이의 문제라면 단순할 수도 있고 너무 평이한 스토리가 되는 데 그칠 수 있었다. 엄마가 아이를 찾아가는데 강력한 방해자로 등장하는 것이 같이 오래 산 새하(신하균)이다. 그런데 이채롭다. 영화는 착한 척하지 않는다. 새하는 그렇게 고분고분하게 말하지도 않는다. 어떻게 보면 못된 사람으로 보이기도 한다. 말을 함부로 하기도 하고 자신의 욕망을 가감 없이 드러내기도 한다. 하지만 그렇다고 해서 남을 착취하거나 부당한 요구를 하지 않는다.

이런 캐릭터가 등장한 것은 평가 작업의 성과가 아닐까 싶다. 장애인이 항상 착하게만 등장할 필요는 없다는 지적은 많았다. 장애인도 비장애인과 다를 바 없이 각자 성격과 스타일이 있다. 또한 상처를 많이 받을수록 그것에 상응해 독해질 수도 있는 것이다. 강하게 요구하지 않으면 들어주지 않기 때문에 강한 성격으로 변할 수도 있다.

그는 영화에서 동구의 입장을 대변하는 캐릭터이기도 하다. 장애인의 자립생활을 다룬 〈인사이드 아임댄싱〉(Inside I'm Dancing, 2004)의 로리(제임스 맥어보이)를 떠올리게 한다.

지적장애인이라고 할 수 있는 동구를 수영장에 버려두고 떠난 엄마에게 강하게 질타하는 모습은 단지 새하의 성격 탓만은 아닌 것이다. 지적장애인 동구가 자신의 의사 표현을 논리적이면서도 강하게 할 수는 없다.

새하의 역할은 동구에게 그런 판단과 표현의 대리인이자 아바타였다. 동구에게 없는 지적 능력이 새하에게는 너무 충만했던 것도 사실이다. 그렇게 둘은 서로 없는 부분을 상호 채워주면서 살아왔다. 잘 보살펴준 신부님이 돌아가셨는데도 다른 아이들이 타 시설로 가는 중에도 자립생활을 할 수 있는 힘이 되었다. 새하는 지체(척수)장애인이기 때문에 동구가 필요했다. 이용한 것이 아닌가 할 수도 있지만 목조차 마음대로 움직이지 못하는 중증 장애인이기 때문에 그러한 단어를 적절하게 사용하는 것도 의문일 수 있다. 아무런 보호자가 없는 상황에서 동구가 그나마 청년으로 성장할 수 있었던 것은 새하 덕분이었고 새하도 동구의 도움으로 삶을 영위할 수 있었다.

혈연이 우선인가 같이 지낸 가족이 우선인가 하는 단순한 설정이라고 할 수도 있을 것이다. 현실에서 이렇게 살고 있는 사람이 얼마나 될까 싶기도 하다.

가족은 정말 혈연에 기초해서 구성되고 영위되는 것인지 21세기에 가족은 점점 느슨한 연대로 변화하고 있다는 점을 생각하지 않을 수가 없다. 익숙하게 살아온 세월이 가족의 재구성을 이루는 환경은 얼마든지 가능할 수 있다. 그것을 혈연이라는 이유 때문에 깰 수민은 없다. 혈연자가 해줄 수 없는 가족의 역할과 입지는 현실이기 때문이다. 살아가는 데 실제 도움이 되는 것들은 피가 섞인 이들이 해줄 수 없는 경우도 오히려 증가하고 있는 사회구조이기도 하다. 정말 가족이라면 가족 구성원이 잘 살 수 있는 행복한 삶의 방식을 선택하게 만드는 것이 중요할 것이다. 겉으로 드러난 현상으로 볼 때 악과 선이 있어 보이지만 그것을 만들어내는 사람들의 선택과 행동에는 절대 악이 있지 않은 경우가 더 많다. 나름의 선한 의식을 갖고 있지만 상황이 그렇게 유발하고 있음을 간과한다면 불행한 결과를 만들어내는 인과관계를 강화하게 될 수도 있다.

영화는 마지막에 대안 가족적 결론을 내기도 한다. 동구와 새하가 같이 어울릴 수 있도록 만들어준 것이다. 새하도 입으로 조정하는 전동 휠체어를 사용할 줄 알게 되어 동구가 반드시 밀어주지 않아도 된다. 새하는 이렇게 말했다. "약한 사람들끼리 서로 돕고 사는 거라고 신부님이 말씀하셨다." 부족할 것 없는데 왜 동구를 찾아오냐고. 부족함이라는 것은 반드시 물질적인 것만은 아니라는 것. 우리가 모두 부족해 하는 것은 그것이리라.

11

어머니가
자립시킬 수 있을까요

- 한국형 자립생활, <채비>

자립생활 영화를 정면으로 다뤄서 이 주제의 고전이 된 영화 〈인사이드 아임 댄싱〉은 탈시설과 자립생활을 다룬 작품이다. 로리는 근육장애인, 마이클은 뇌병변장애인인데 모두 전동 휠체어로 이동한다. 두 사람은 시설 생활을 하기 때문에 언제나 밖의 생활을 꿈꾼다. 이들이 자립생활을 꿈꾸어도 그것을 성취하기는 쉽지 않다. 로리는 적극적인 행동과 의지로 탈시설을 하는 데는 성공하지만 막상 자립생활은 쉽지만은 않다. 이 영화는 자립생활을 하려는 장애인들의 현실과 고뇌, 그리고 그에 관한 사회와 담당 기관 구성원의 편견까지도 지적한다.

시간이 많이 흘렀다. 우리나라에서도 장애인들의 자립생활에 대한 인식 개선이 영화의 탄생으로 이어진 셈이다. 영화 〈채비〉(2017)는 한국 영화에서는 잘 다루지 않았던 장애인들의 자립생활을 다루고 있는데 한국의 현실을 반영하고 있기 때문에 눈길을 끌었다. 그것은 우리의 정서이면서 문화적 가치라고 할 수 있는 가족주의 가운데 모성의 역할이라고 할 수 있다.

영화 〈인사이드 아임 댄싱〉과 같이 자립생활을 다루고 있지만 여러 모로 다르다. 주인공 인규(김성균)는 발달장애인이고 시설이 아니라 어머니 집에 산다. 장애인을 가정 특히 어머니가 돌보고 있는 현실을 담아내고 있는 설정이다. 더구나 근육장애인 로리, 뇌병변장애인 마이클보다 인규는 나이가 더 많다.

더구나 로리는 근육장애인이라서 판단과 행동 의지가 인규나 마이클에 견줄 수는 없을 것이다. 자립생활을 결심하는 주체도 스스로가 아니라 어머니다. 어머니가 뇌종양 판정 때문에 곧 인규 곁을 떠나야 하기 때문이다. 모정이라는 한국 영화의 단골 코드가 등장하는 셈이다. 아들의 생활을 위해 어머니가 스스로 아들이 자립생활을 할 수 있도록 적극적으로 나선다. 물론 정부 기관은 보조적일 뿐이다. 무엇보다 빵집에서 스스로 일하는 존재임을 드러낸 것은 정말 중요한 설정이었다. 이런 단계의 영화가 나온 것도 그동안의 많은 노력 때문일 것이다. 장애인의 자립생활을 일반 영화에서 보여준다는 것은 그간 많은 장애 인식 개선과 장애 복지 활동의 기여라고 생각할 수 있다.

그러나 현실과 맞춰 보았을 때 지적할 수 있는 점은 있다. 어머니가 적극적으로 과연 저렇게 할 수 있을까 싶고 그것이 단기간에 효과를 발휘한다는 점은 어려울 수밖에 없다. 이러한 과정에서 비유와 은유를 통해 인규에게 설득하는 과정이 극적인 장치로 등장하기도 한다. 물론 이 대목에서 현실성을 얼마나 담보할 수 있을지 고개를 갸우뚱거리게 된다. 수십 년 동안 어머니에 의존했던 인규가 몇 달 만에 자립생활을 한다는 것은 비약으로 비칠 수 있었다. 계란 프라이처럼 잘 붙여지면 좋을 텐데 말이다. 아마도 좋은 긍정의 결말로 맺기 위해서였을 것이다. 어머니가 세상을 떠나고 자립을 인규가 못하면 매우 비극적이므로 대중성을 잃는다고 판단했을 것이다. 더구나 인규의 자아 정체성에서 주체적인 면이 좀 아쉬운 점도 있다.

대중적으로 장애인의 자립생활에 대해 환기를 시켰다. 모성애와 분리된 장애인의 자립생활도 생각해봐야 할 것이다. 모성성에 바탕을 둔 장애인 자립생활은 드라마틱한 감동에 더 초점을 맞추기 쉽다. 국가 제도적으로 어떤 역할을 해야 하는지 자립생활에 관한 장애물이 구체적으로 어떻게 작동하고 있는지 다음 작품을 기대하게 한다. 희망의 긍정 결말을 통해 대중적인 흥행을 할 작품이 있고 현실 그대로를 보여줄 영화가 구분될 필요가 때때로 있다.

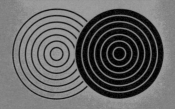

12

버스 타는 게
누군가에겐 꿈일 수도 있다

- 멀미는 장애다, 멀미증후군 새 인식, **<걷기왕>**

다른 때도 아니고 지금, 일일생활권의 한국에서 왕복 네 시간 통학길을 신발을 의지 삼아 걸어 다니는 학생이 있다면 보통 이해를 못 할 것이다. 더구나 버스가 잘 다니는 곳인데도 걸어 다닌다면 더 오해할 법하다. 차비를 못 낼 만큼 집안 환경이 어려울 수도 있다. 하지만 담임선생님의 확인 결과, 그 이유가 가정 형편은 아니었다. 아니 스스로 걷기가 좋다면 이해 못 할 일도 아니다. 어떤 다른 목적이 있을 수도 있다. 요즘에는 다이어트를 하기 위해 일부러 걷는 경우도 있기 때문이다. 하지만 왕복 네 시간은 좀 심한 듯하다. 맨날 지각하는데도 그 일을 고집한다면 다른 이유가 있지 않을까. 매번 혼나고 꾸중을 듣는 일이 쉬운 일은 아니며 성적은 하향 곡선을 그리는데 말이다.

이런 이해할 수 없는 일을 고집하는 이가 바로 영화 〈걷기왕〉(2016)의 주인공 이만복(심은경)이었다. 걷기라면 산책을 떠올릴 수 있고 속도감이 지배하는 빨리빨리 대한민국에서 느림의 철학을 전할 듯 보이기도 한다.

그런데 이 영화에서 만복이는 애초에 관객들이 예상하는 것과 달리 낭만적인 이유 때문에 걷기를 고집하는 게 아니었다. 태어날 때부터 갖고 있던 필사적인 생존의 문제였다. 만복이가 걸어 다닌 이유는 멀미 때문이었다. 우리는 대개 멀미 때문에 버스를 타지 않으면 별스럽게 생각하지 않을 수 있다. 지극히 개인적이고 사소한 일이라고 여기는 경향이 있기 때문이다. 패치를 붙이면 되지 않을까. 그러나 영화에서는 이 멀미가 별스럽지 않은 증세가 아니라는 점을 드러낸다. 한 사람의 인생이나 주변 사람의 삶까지 바꿔놓을 수 있기 때문이다.

선천성 멀미증후군이 있는 만복은 네 살 때부터 이동 수단을 타지 못하고 오로지 걸어서만 이동해야 했다. 그러므로 먼 동네를 갈 수가 없었다. 만복이가 사는 동네가 강화도에 있다는 점은 이를 잘 말해준다. 어쩌면 강화도는 육지와 다리로 연결되어 있기 때문에 그나마 다행인지 몰랐다. 만약 만복이가 육지에서 꽤 떨어진 섬에서 태어났다면 평생 섬을 벗어나지 못했을지 모른다. 갈 수 있는 곳이 적다는 것은 어린 시절부터 꿈이 소극적일 수밖에 없다는 것을 함의한다. 세상에 대한 두려움과 공포감을 먼저 학습하고 만들기도 한다. 이동의 자유가 사실상 박탈되기 때문이다.

일단 멀미는 장애라고 보아야 한다. 구토 증세가 나타나기 때문에 기능성 위장장애 정도라고 생각할 수 있지만 좀 더 포괄적이다. 이동과 균형을 담당하는 전정기관에 문제가 있을 때 멀미 현상이 일어나기 때문이다. 멀미는 불규칙한 몸의 요동 때문에 어지러움과 두통, 구토 증세를 느끼는 현상이다. 몸이 느끼는 위치 신호와 눈이 보는 사물의 풍경 신호가 다르면 멀미 증세가 나타난다. 사고나 염증으로 신호를 뇌에 잘 보내지 못해서 전정기관의 혼란으로 멀미 증세를 갖기도 한다.

의학적으로 멀미가 잘 나는 사람은 화학요법이나 수술, 방사선 치료를 했을 때 메스꺼움을 더 잘 느낀다고 한다. 편두통, 임신, 머리 손상일 때도 고통은 더 심화된다는 것이다. 여성이 남성보다 2배 많고 가족력에 따른다. 자신의 의지와 관계없이 존재하게 되는 것이다. 멀미 증세가 심해지면 무감정이나 우울증 증세에 빠진다고 한다. 그렇기 때문에 대인 관계 장애도 일으킨다. 심한 사람들은 만복이처럼 이동 수단을 타기만 하면 고통을 느낀다. 무엇보다도 평생 이동 수단을 타지 못한다는 것은 매우 괴로운 일이며 그것은 삶을 왜곡시킬 수 있다. 영화는 이러한 상황을 만복이를 통해 짐작할 수 있게 한다.

통학 거리가 멀기 때문에 오래 걸어야 하는 만복이는 항상 지각하고 문제 학생으로 규정된다. 더구나 피곤하고 통학 거리가 오래 걸려 학습량이 현저히 떨어지므로 성적도 바닥이다. 사랑하는 이성과 같이 이동 수단을 타지 못한다. 평소 짝사랑해왔던 배달부 청년이 모처럼 태워준다고 하여 스쿠터에 올랐지만 상황은 여의치 않았다. 어떤 고통도 참아야 했다. 잘 보여야 하지만 개인의 인내를 넘어서는 문제였다. 결국 오토

바이 위에서 구토를 하고 만다. 잘 관리하려던 첫인상을 다 구긴 셈이다.

육상부에서 경보를 하게 되었지만 결국 경기를 위해 체육부 동료들과 같이 버스라는 교통수단을 타야 했다. 멀미 때문에 결국 다른 이들에까지 피해를 주게 된다. 우여곡절 끝에 진출하게 된 본선 경기를 앞두고는 경기장이 있는 서울까지 전날 걸어서 도착하려 하는데 70km를 걷는 바람에 우려했던 대로 컨디션 조절에 실패한다. 영화에서는 너무 의욕이 앞서는 비정상적인 상태로 이를 우회적으로 담아내기에 이르렀다.

아쉬운 점은 이 영화가 만복이를 비정상적일 정도로 밝고 경쾌한 캐릭터로 그려낸다는 점이다. 장애인을 우울하게 그려낼 의무는 없지만 인간적인 좌절과 고통도 좀 더 담아냈으면 하는 바람을 갖게 한다. 학창시절 멀미 증세가 있는 친구들의 어려움을 우리는 대부분 별스럽지 않게 대했을지 모른다. 꼭 장애가 부정적인 의미는 아니다. 다른 사람들보다 전정기관 등이 예민할 뿐이다.

그러나 자동차를 타지 못하는 정도의 멀미라면 학교생활만이 아니라 대인 관계도 잘 맺을 수 없는 현대사회이다. 직장에 나가거나 업무를 수행하는데도 장애 요인이 된다. 사회적으로 우리는 그러한 멀미 증세가 있는 이들을 장애의 관점으로 보지 않았다. 이는 소수자에 대한 배려만이 아니라 공공적 정책의 부재를 의미했다. 이로써 현대사회는 자동차 등의 이동 수단에 오르내리는 것이 너무나 당연하다고 여기게 만들었다. 오로지 그것은 개인의 문제에 불과하며 개인들도 그곳을 숨기거나 자신의 탓으로만 생각하는 경향이 있었다. 귀 뒤에 패치만 붙인다고 해결되지 않는 중증의 장애를 갖고 있는 이들은 얼마든지 있을 수 있다. 다리가 언제까지나 튼튼하게 버텨준다는 보장도 없으니 언제든 꼼짝도 못 할 일이다. 멀미에는 항히스타민과 히오스신이라는 약물이 처치된다는 점에서 개인이 단지 예방하고 견딘다고 해결될 수 없는 면이 있다.

그동안 멀미 증세가 있는 이들에 대해서 무관심했던 것이 사실이다. 그들의 전체 면모가 제대로 파악조차 안 됐다. 그들은 소수일지라도 인권의 주체이다. 행복추구권이 보장되어야 할 국민이다. 자신이 하고 싶은 것을 하지 못할뿐더러 사회 경제적인 활동에서 제한당할 수 있었다. 어린 시절부터 의료적인 차원이나 조그만 배려가 있다면 훨씬 좋을 것이다.

영화 〈걷기왕〉에서 만복이는 선생님의 도움으로 경보라는 것도 해볼 수가 있었다. 이러한 배려조차 현실에서 멀미 증세가 있는 사람들이 받을 수 있을지 의문일 수밖에 없다. 물론 영화에서도 삶의 깨달음을 얻어가는 과정을 위해 경보 경기를 잘해내는 모습으로 그려지지 않는다. 이는 멀미 장애를 갖고 있는 이들의 현실을 반영해내기 위한 노력의 일환이라고 볼 수가 있을 것이다. 적어도 이제 영화 속 만복이처럼 낙인 효과 때문에 문제 학생이 되거나 열패자가 되는 일은 없어야 한다. 이 때

문에라도 청소년들에 대한 주의가 필요할 것이다. 멀미는 가벼운 개인
증세가 아니라 구조적인 전정기관 장애이기 때문이다.

13

영화에서 장애인의 복수극은
안 되는 걸까

- 장애인 영화와 장르 영화의 결합, <지렁이>

최근 몇 년간 대중문화 트렌드 가운데 하나는 사적 복수 코드였다. 사적인 복수는 어려운 말이 아니다. 드라마와 영화에 복수극이 유행했는데 사적 복수극에서는 주로 그 복수가 개인적인 원한을 푸는 데 모인 것이다. 그런데 그것을 푸는 방식이 문제가 되기도 했다. 왜 문제일까. 이런 개인 차원의 복수는 경찰이나 검찰, 법원과 같은 공식적이고 제도적인 기관을 통해서 공적인 절차를 거쳐 해결하는 방식이 아니었기 때문이다. 공적인 절차가 아니어도 충분히 복수할 수 있지 않을까 싶은데 문제는 그 수단이 합법적인 것이 아니었다.

예컨대 폭력이나 살인을 통해 해결하기 때문에 바람직하지 않다는 것이다. 문화 예술 작품이란 바람직한 이상적인 방향을 보여주어야 하기 때문에 이런 내용은 좋은 평가를 듣지 않을 수 있다. 다만 대중문화의 기능 가운데 하나는 대리 충족이다. 현실에서 일어날 수 없기 때문에 드라마나 영화를 통해서 대리만족을 얻는 것을 말한다. 대중오락 영화에서 폭력적인 방법으로 악의 세력을 응징하는 것은 이 때문이라고 할 수 있다.

중요한 것은 이런 사적인 복수가 유행하는 이유가 무엇인가이다. 그 것은 제도와 법에 허점이 많기 때문이다. 법과 제도의 허점을 벗어나면 강자는 얼마든지 약자를 괴롭히고 고통을 주는 현실이다. 그렇기 때문에 영화나 드라마를 통해 현실의 한계를 벗어나 대리 충족을 하려는 것이다. 하지만 이러한 행위를 바람직하다고 찬양하지는 않는다. 오죽했으면 그러하겠냐는 현실의 절박함과 극단의 상황을 강조하고 부각하기 위해서 그려지는 것이다. 그렇다면 장애인 영화에서는 이런 사적인 복수가 나올 수 없는 것일까. 대부분 장애인을 담아내는 영화는 아름답거나 현실을 드러내는 데 초점이 맞춰져 있다.

영화 〈지렁이〉(2017)는 감동적이면서 아름다운 영화는 아닐 수 있다. 이 영화는 장애인 부모와 딸이 교육 문제에 직면하면서 겪게 되는 과정을 담아내고 있다. 보통의 교육 문제를 장애인 가정과 연결하고 있는 것이다. 장애인 영화는 대개 장애인의 현실을 고발하거나 사실감 있게 묘사한다. 아울러 어려운 상황이나 조건 장애물을 극복하는 감동적인 내용을 주로 담는다. 장애인 현실을 그대로 드러내거나 극적인 감동을 주는 영화들은 어떻게 보면 장애인들이 느끼는 감정이나 느낌을 소외시킬 가능성도 있다. 정말 복수하고 싶을 때가 있는 것도 사실이기 때문이다. 그러나 그 복수가 결코 장려될 수는 없을지라도 현실의 고통을 드러내는 역할을 할 수는 있을 것이다.

이 영화에서 뇌성마비 장애인 원술(김정균)은 온갖 어려운 상황을 견디며 딸 자야(오예설)를 키운다. 아내 없이 혼자 키우던 중 자야를 어린 시절 복지기관에 뺏길 뻔도 했던 주인공 원술은 딸을 위해 좌절하지 않고 열심히 생계 활동을 한다. 그는 어려운 형편임에도 불구하고 마침내 자야가 가고 싶어 하는 예술고등학교에 진학시킨다. 이 영화에서는 주인공 원술이 뇌성마비 장애인임에도 트럭을 운전하며 의류를 판매한다는 점이 인상적이었다. 직업도 가지고 있으며 다른 부모와 다를 바 없이 아이를 양육한다.

뇌성마비 장애인은 근육을 조절하는 뇌 기능 저하로 얼굴이나 몸 근육을 제대로 움직이지 못한다. 이 때문에 말할 때도 얼굴을 찡그리거나 발음하기까지 상당한 시간이 걸릴 수 있다. 또한 이동할 때도 통상적으로 생각하는 방식과는 다르게 움직인다. 그럼에도 불구하고 다른 사람들과 잘 어울리고 옷을 판매하며 딸을 키워낸다. 사실 뇌성마비 장애인 가운데는 지적 능력이 뛰어난 이들도 많다. 그렇기 때문에 지적 능력을 발휘하여 생계를 꾸릴 수가 있다. 이 영화에서는 이 점을 반영하고 있으며 부모 역할을 잘하고 있음을 보여준다. 딸은 구김살이 없고 오히려 밝고 당차다. 그러나 현실은 단순하지 않다는 사실을 부각한다.

이 영화는 자녀교육에서도 왕따와 폭력, 성매매, 성폭력 등 학교에서 문제가 되었던 사례들을 농축하여 담아낸다. 당차게 살던 자야는 집요한 폭력과 왕따에 극단적인 상황에 몰린다. 그 같은 일이 벌어질 수 있었던 이유 가운데 하나는 뇌성마비 장애 부모의 약점을 잡아서 그것을 도구화하는 이들과 권력 주변의 비열한 세력들이 있기 때문이다. 이 영화는 장애인 부모에게 이중적인 차별과 고통이 가해질 수 있음을 드러낸다. 이를 통해 단지 장애인들에게만 한정되는 것이 아니라 권력층의 부당한 전횡에 대해서 고발하고 있다. 권력 있는 자들의 폭력성을 인식한 사람들에게는 같이 공분하고도 남는다. 이 영화는 어떻게 보면 뻔한 스토리 라인과 그에 따른 극적인 효과를 꾀하고 있다고 인식할 수 있다. 하지만 장애인 부모와 자녀가 겪고 있는 고통을 생각한다면 단지 허구적인 이야기에 불과하다고 치부할 수는 없다.

영화의 결말은 극단적인 원술의 선택에 모인다. 딸을 해친 이들에 대한 통렬한 복수극을 펼치는 것이다. 이런 설정은 장애인 영화에서는 잘 볼 수가 없다. 하지만 원술의 행동은 단순히 한순간에 일어나는 충동적인 것은 아니었다. 장애인으로 살면서 수십 년 동안 가슴에 쌓인 고통과 원한이 한꺼번에 폭발한 행위로 봐야 한다. 아름답고 소소한 감동의 결말을 주로 내리는 장애인 영화와는 완전히 차별화되는 대목이다. 이 영화는 장애인 장르 영화라고 해야 맞을 것이다. 이 영화가 많은 사람에게 회자되고 추천되지는 않을지라도 장애인들이 겪고 있는 현실에서 분노를 폭발시키는 기능과 역할을 할 수 있을지 모른다. 일본의 하드코어 복수극을 장애인 영화에 일정 정도 결합하고 있는 셈이다.

사람들이 사적인 복수를 꿈꾸는 것은 현실의 제도와 법, 공권력이 자신들의 편이 아니기 때문이다. 이른바 약자의 처지에서는 그러한 마음은 더욱 가중될 수밖에 없다. 장애인들의 삶을 더욱 그러하다. 물론 이 영화에서 복수를 감행한 주인공 원술은 그에 상응하는 벌을 받는다. 폭력이 사용되지만 그것을 우리는 바라지 않기 때문이다. 장애인 부모와 자녀로 행복하게 살기를 바랄 뿐이다. 이 영화는 그것이 쉽지 않은 현실을 고발하고 이에 대한 경종을 강력한 방법으로 울리고 있을 뿐이다. 장르 영화들이 장애인 관련 담론을 더 풍부하게 만들려는 시도들이 더 많아졌으면 한다. 청불영화 딱지가 붙어도 말이다.

14

말을 못 하면
사랑을 못하나요?

- 괴수 사랑의 의미, **<셰이프 오브 워터>**

목소리를 낼 수 없는 농인 청소부 엘라이자(샐리 호킨스)는 욕실에 물을 받아 놓고 그 안에서 자위를 즐긴다. 영화 〈셰이프 오브 워터〉(The Shape of Water, 2018) 속 이 장면은 영화 초반부에 등장하기에 약간 당황스러울 수 있다. 첫 번째 장면에서는 잘못 봤나 싶다. 두 번 이상 반복되면 그제야 관객들은 자신이 짐작한 내용이 틀리지 않았음을 확신하게 된다. 물론 반복적으로 여러 번 나온다. 반복이라 함은 패턴을 말하는 것이고 이는 일상을 드러낸다. 혼자 욕실에서 자위하는 장면은 19금에 해당하기 때문에 단지 선정적이라고 생각할 수 있지만 장애 여성의 사랑에 대해 생각해 볼 수 있게 한다.

그녀의 이웃은 회사에서 쫓겨난 장년 남성인 화가 자일스(리처드 젠킨스)뿐이다. 그는 회사에서 일러스트레이터로 오래 근무했지만 이제 사진술이 발달하면서 쫓겨난다. 1960년대 우주 개발이 미국과 소련 간에 이뤄지고 있을 즈음 미국 사회는 이런 미디어 변혁기에 있었고 많은 노동자들은 해고 위기에 있었다. 그는 간간이 집에서 일하지만 외로움에 시달리며 농담 삼아 섹스를 많이 했어야 한다고 말한다. 이를 통해 그가 발기부전임을 짐작할 수 있다.

그러니 엘라이지와 성관계를 생각할 수 없을 것이다. 남자는 발기가 되지 않고 여자는 성적 욕망이 여전하다. 그렇다면 여자는 자신의 욕망을 채워줄 남자를 찾아야 한다. 이 영화는 기존 장애인 영화에서 잘 다루지 않았던 장애인의 성적 욕망을 다룬다. 대개 성적 욕망을 다룬 영화가 있더라도 그것은 남성 장애인의 욕망이었다. 특히 장애인의 성적 욕망을 자원봉사자들이 풀어주는 문제에 대해서 논란이 있기도 했다.

그녀는 우주 개발 기지에서 청소를 한다. 이로 인해 사랑을 찾는다. 우주 비행을 위해 남미에서 데려온 괴생명체. 반은 물고기이고 반은 사람의 모습을 하고 있다. 우주 경쟁을 위해 소련과 대립하던 미국은 그 생명체를 길들여야 했다. 그러나 괴생명체가 쉽게 순응하지 않아 문제가 발생한다. 그렇게 문제가 발생했기 때문에 일라이자는 괴생명체와 가깝게 지낼 수 있었다. 아무도 없는 실험실에서 연민의 정을 느낀 일라이자는 집에서 삶은 계란을 그 생명체에게 주면서 점차 호감을 사랑으로 바꾸어 나간다.

그것이 가능했던 이유는 언어이다. 농인 일라이자는 수화로 괴생명체에게 의사 표현을 한다. 계란을 수화로 표현할 때 괴생명체는 그대로 받아들인다. 괴생명체가 영어를 쓰지 않기 때문에 말이 안 통한다고 답

답해할 일도 없고 무시할 일도 없다. 일라이자에게 많은 사람들은 일방적으로 말한다. 일라이자의 말을 들을 생각을 별로 하지 않는 것이다. 단짝인 청소부도 쉴 새 없이 수다를 떤다. 다른 사람들은 시끄럽다고 주의를 주지만 일라이자를 그런 말을 하는 법이 없다. 괴생명체는 일라이자의 표정이나 움직임 하나하나에 신경 쓴다. 일라이자의 친구인 자일스도 때로 수화에 힘들어한다.

그런데 우주 개발 계획을 서두르기 위해 괴생물체를 해부하기로 한다. 이 때문에 다급해진 일라이자는 자일스를 설득해서 몰래 빼내기로 한다. 우여곡절 끝에 간신히 자신의 집으로 괴생물체를 끌어온다. 목욕탕에 물을 채우고 소금을 넣어 간신히 살려낸다. 우연히 목욕탕에서 살이 부딪힌 일라이자는 묘한 감정을 느낀다. 고민하던 일라이자는 다시 목욕탕에 들어가 괴생명체와 사랑을 나누기 시작한다. 혼자 자위하던 욕실은 더 이상 그럴 필요가 없어졌다. 비록 인간이 아닐지라도 자신을 온전히 사랑해주는 존재를 만난 것이다.

일라이자의 직장 동료이자 친구는 남편에 대한 원망이 많다. 자신의 마음을 헤아려주지 않을뿐더러 이래라저래라 말이 많고 그 말을 통해 통제하려 하기 때문이다. 말한다는 것은 의사 표현을 할 수 있다는 것인데 과연 그것이 소통을 이끌어낼 수 있을까. 소통하기 위한 말이 오히려 소통을 방해하고 있는 것은 아닐까. 언어가 없다면 상대방에게 더욱 각별하게 존중하는 태도를 취할지도 모른다. 물론 이 영화에서는 두 존재가 언어에서 원활하지 않기 때문에 육체적인 언어 소통을 부각한다.

천 마디 말보다 온몸의 교감이 오히려 마음을 더 잘 전할 수 있으니 말이다. 그러므로 그것은 단순히 육체적인 욕망만을 말하는 것은 아닐 것이다. 어찌 되었든 혼자 자위하는 것보다 비록 괴생물체일지라도 누군가와 상호 사랑을 나누는 것이 행복할 것이다. 그냥 그대로 사랑해주는 사람을 만나는 것이 중요하다. 일라이자 역시 괴생물체라는 겉으로 드러난 외모만을 중요시했다면 사랑의 감정이 생기지 않았을 것이다. 어쩌면 같은 처지라고 생각했기 때문이 아닐까. 말 못 하고 항상 갇혀 있으면서 학대당하고 억압당하는 처지 말이다. 사랑의 시작은 동병상련. 어둡고 음습한 공간이어도 혼자만의 세계에서 벗어나 그곳의 사람을 찾으라. 분명 있으리라.

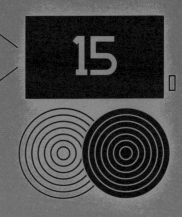

15

왕의 연설은
어때야 하는가

– 언어 장애 지도자의 삶, <킹스 스피치>

라디오에서 흘러나오는 연설에 어린아이부터 청년, 노인 그리고 가난한 빈민에서부터 부유한 상류층에 이르기까지 모두 한마디 한마디 흘러나올 때마다 놓칠세라 귀 기울이고 있다. 독일과의 전쟁이 임박하여 국왕이 말하는 연설인지라 단어 하나가 사람들의 미래와 삶을 좌우할 수도 있다. 마침내 연설은 끝나고 군중은 열렬한 박수와 환호를 보낸다. 그 누구도 연설한 사람이 언어장애인이었다고 생각하지 못했다.

영화 〈킹스 스피치〉(The King's Speech, 2011)의 마지막 장면이다. 연설한 영국 국왕 조지 6세(콜린 퍼스)와 언어치료사 라이오넬 로그(제프리 러시)는 서로를 바라보며 눈물을 글썽인다. 언어장애인이었던 조지 6세가 마침내 대중연설을 해냈기 때문이다. 현재 영국 여왕 엘리자베스 2세의 아버지인 조지 6세는 대중연설에 나서면 읽는 것조차 제대로 못 하는 언어장애인이다. 대중연설만이 아니라 일상의 대화에서도 말을 더듬는 증세가 나타나는 사람이다.

대개 둘째 아들은 왕위와는 관계없지만 조지 6세는 다른 상황을 맞게 된다. 역사에서 장자들이 왕의 후계자가 되는 사례가 많다. 이에 불만을 품은 둘째 이하의 다른 형제들이 저항하는 경우도 많다. 첫째 아들보다 다른 동생이 능력이 많아 뒤늦게 왕위 승계를 포기시키는 경우도 흔하다. 자신보다 능력이 없는 첫째 형에 대한 불만으로 모반을 일으키는 경우도 빈번하다. 공식적인 사서를 보면 백제 창건 때 첫째 비류 대신 둘째 아들인 온조가 시조로 규정되는 것을 알 수 있다.

다른 둘째들은 좋아할지 모르지만 난데없이 생각지도 않았던 왕위가 자신에게 떨어지자 난감했던 것이 조지 6세였다. 에드워드 8세(가이 피어스)는 이혼녀와의 사랑을 선택한다. 이 때문에 왕을 포기한 것인데 더구나 히틀러가 이끄는 나치와 제3제국을 우호적으로 생각하고 있었고 그의 새로운 부인은 독일인과 유대관계를 맺고 있었다. 이로써 독일과 전쟁을 치러야 하는 상황에서 에드워드 8세는 왕위를 동생 조지 6세에게 던져준 것이다. 말을 잘 못 하기 때문에 왕을 꿈꾸지 않았던 그에게 난처한 상황이 벌어진 것이다.

강조할 필요도 없이 정치 사회 지도자는 말을 잘해야 한다. 그것은 사적인 공간에서 이루어지는 것이 아니라 대중, 그러니까 국민 앞에서 자신의 생각과 의지를 잘 전달할 수 있어야 한다. 오바마 대통령의 유대감 넘치는 연설, 마틴 루터 킹 목사의 공감 연설을 언급하는 것은 이러한 맥락 때문일 것이다.

스피치*speech*는 커뮤니케이션의 한 방식으로 많은 사람 앞에서 자기의 생각이나 의지를 말로 전하는 것이다. 좋은 연설에는 세 가지 요소가 필요하다고 한다. 우선 연설하는 사람이 필요하다. 중요 인사라면 연설을 듣는 사람의 주목을 받을 것이고 연설하는 자체가 의미를 가질 수 있을 것이다. 다른 하나는 연설의 내용일 것이다. 유명하거나 중요한 사람이라도 연설 내용이 부실하다면 그 연설 자체에 대한 의미나 가치가 적을 것이다.

아무리 중요한 인사라도 평소 좋은 연설을 하는 사람이라도 내용이 항상 좋기는 어렵다. 이 때문에 중요한 인사의 연설이 모두 그 내용 측면에서 좋다고 평가할 수는 없다. 마지막으로 필요한 것은 기법이다. 이른바 연설 테크닉이라 할 수 있다. 이는 중요한 인물이 연설의 내용을 어떻게 잘 전달하는가의 문제이다. 억양이나 끊어 읽기, 유머 사용, 목소리 변화, 얼굴 표정 등이 여기에 속한다.

언어치료사 라이오넬 로그는 온 국민을 상대로 한 라디오 연설에 임하는 조지 6세 앞에서 이렇게 말한다. "친구에게 말하듯 연설하세요." 연설을 듣는 사람들인 국민을 친구처럼 생각하고 연설하라는 말이다. 이것은 정치지도자에게 매우 필요한 자세이다. 긴장하던 조지 6세는 오랜 침묵 끝에 말을 떼고 점차 연설 페이스를 찾아간다.

지도자의 연설이 중요한 이유는 그 메시지 자체보다 상징적인 효과가 크기 때문이다. 전쟁을 앞두고 있는 위기와 불확실한 상황에서 지도자의 한마디 말은 국민을 안심시키고 위기와 어려움을 타개하는 힘을 이끌어낼 수 있다. 더구나 연설은 상징적 상호 작용에서 중요하다. 이는 심리적 위안 효과일 수도 있다.

16

'1 대 99' 1%는 적이고
99%는 동지인가

- 복지란 무엇인가, <언터처블: 1%의 우정>

흔히 진짜 부자는 1%라고 칭해진다. 비판의 대상이 되는 그들은 한편으로 부러움의 대상이 된다. 그들의 생활을 알고 싶고 그들과 함께 어울려 보고도 싶다. 그렇게 되지 않을 때 괜한 시기와 분노가 치밀기도 한다. 막상 그러한 1%의 부자를 친구로 삼게 된다면 보통은 기뻐할 것이다. 그 이유는 아무래도 그들이 돈을 많이 가지고 있고 풍족한 삶을 누리고 있으니 그러한 점이 본인에게도 어느 정도 전이되지 않을까 싶은 심리가 생기기 때문이다.

영화 〈언터처블: 1%의 우정〉(Untouchable, 2012)에서 활동보조인 모집에 응모했던 사람들이 품은 생각이기도 하다. 일부는 노골적으로 돈을 많이 받고 풍족한 삶을 같이 공유할 수 있을 거 같아 지원했다고 밝힌다. 하지만 그들은 곧 얼마 견디지 못하고 떠나고 만다. 장애인 활동보조가 만만치 않은 일이고 그것에 비록 돈이 주어진다 해도 수월하지는 않기 때문이다. 장애인에 대한 사랑과 봉사 정신만을 강조해도 한계가 있다.

필립이 드리스를 다른 전문보조인을 제치고 선택한 이유는 자신을 장애인으로 간주하지 않았기 때문이다. 보통 비장애인과 같이 대했기 때문에 비록 전과자 흑인 청년이었음에도 불구하고 흔쾌히 그를 보조인으로 채용한다. 물론 풍족한 필립의 삶에 참여하게 된 드리스는 지금까지 누려보지 못한 생활을 접하게 된다. 고급스럽고 품격이 있으며 풍족하다. 누구나 한 번쯤 꿈꾸어본 생활이 펼쳐진다.

영화 〈버킷리스트〉에서 부자 주인공을 만난 또 다른 서민 출신 주인공이 마지막으로 그동안 못해본 일들을 마음껏 할 수 있는 것과 같다. 드리스에게는 생경한 승무원이 있는 전용기와 몇 대의 고급 자동차, 화랑, 음악회 등등이 이채로운 생활을 가능하게 한다. 하지만 무조건 그 삶에 빠져드는 것은 아니다. 그는 오페라를 비웃고 클래식 음악 대신 자신이 즐겨듣는 대중음악을 선사한다.

그러한 점이 필립에게 신선한 자극이 된다. 자신 앞에서 항상 소심하고 고분고분하는 이들은 자신의 개성과 느낌이 철저하게 탈색되어 있기 때문이다. 더구나 드리스는 그 과감하고 직선적인 태도로 사랑을 다시 필립에게 찾아준다. 품격과 격식 안에 있는 인간의 본원적인 욕망의 중요성을 깨닫는다. 거꾸로 드리스를 통해 필립은 자신이 잃었거나 간과했던 삶의 가치와 의미를 깨닫는다. 빈민 청년에게서 말이다.

두 사람은 정말 죽이 잘 맞지만 필립은 드리스를 내보낸다. 드리스가 평생 자신의 휠체어를 끌면 안 된다고 생각해서이다. 이는 드리스를 필립이 아끼기 때문이다. 한편으로 그가 영원히 필립 옆에 있기를 바랐을 수도 있지만 그렇게 하지 않았다.

필립은 드리스가 활동보조인으로 있기보다 일을 찾아 더 성장하기를 바랐던 것이다. 드리스가 짐을 싸고 나올 때 활동보조인 직에 응시하려는 사람들이 줄을 길게 늘어서 있다. 그들은 어쨌든 1% 필립에게 오히려 의지하려는 이들이다.

자기 삶을 찾으러 나간 드리스는 결국 자신의 사업체를 운영하고 가족을 영위하는 가장이 된다. 그리고 그들의 우정은 계속된다. 통속적일 경우, 필립 옆에 드리스가 행복하게 계속 살았다고 결론을 내릴 수도 있었을 것이다.

하지만 이 영화는 자립을 강조한다. 부유한 장애인 옆에서 보조인 역할을 하면서 자기 삶을 내맡기기보다 능동적으로 개척하는 드리스의 모습에 방점을 찍고 있기 때문이다. 단순히 부유한 사람이 결핍된 것을 채워주면 신분 상승을 할 수 있다는 신데렐라형 드라마나 영화와 다른 점이 쿨하게 다가온다.

또한 필립과 같이 비록 부유한 자가 아니더라도 복지는 그런 수단이 아니기 때문이다. 인간 대 인간으로 만나는 그들의 소통방식은 오히려 복지정책에서 더 큰 함의를 줄지도 모른다. 진정한 친구라면 단지 테크닉 차원의 서비스를 제공하는 사람으로 옆에 두기보다는 영혼을 교감할 것이다.

그들처럼 흑인과 백인, 빈자와 부자를 떠나 서로에게 필요한 것은 수평적인 유대이고 그에 따를 때 서로에게 더 도움이 된다. 그것이 없을 때 누구에게도 복지는 도움이 되지 않고 장애가 된다. 테크닉 차원의 복지정책은 그렇기 때문에 다시금 반추되고 성찰되어야 한다는 점을 이 영화를 통해 알 수가 있겠다.

무엇보다 먼저 손을 내민 것은 1% 필립이었다. 그가 손을 내밀었기 때문에 생활보조비를 받을 수 있었다. 그리고 드리스는 필립이 없는 걸 주었기 때문에 그들은 소통할 수 있었다. 무조건적인 시혜나 배려는 없다. 만약 그가 장애를 갖지 않았다면 그의 1%의 기고만장함은 이카로스의 운명과 같았을 것이다. 다행히 그는 장애를 통해 낮은 곳의 드리스를 만났다. 오히려 이는 그의 장애가 주는 이점이었으니 세상 만물이 모두 이면을 가지고 있음을 확인시킨다.

시각장애인은
무조건 청각이 발달해 있다?

- 시청각, <블라인드>

SBS 드라마 〈무사 백동수〉에서 검선 김광택(전광렬)은 한 팔을 잃었음에
도 그의 칼 쓰는 솜씨가 그렇게 떨어져 보이지 않는다. 물론 각고의 노
력을 다했기 때문에 가능했다. 일본의 장애인 검객 자토이치는 눈이 보
이지 않음에도 불구하고 최고의 검객이다. 하지만 완전히 눈이 안 보이
는 것인지, 일부러 눈을 감은 것인지 확인이 안 되는 측면도 있다.

영화 〈구르믈 버서난 달처럼〉에서 황정학(황정민)도 장애인 검객이었
는데 그는 하얀 눈을 드러내며 자신이 완전히 눈이 안 보이는 시각장애
인임을 나타내며 모호한 장애인 자토이치보다 확실하게 장애인 정체성
을 보인다. 황정학은 청각이 매우 발달하여 칼 소리와 상대방의 움직임
을 느끼며 칼을 쓴다.

영화 〈사랑이 머무는 풍경〉에서 에이미(미라 소르비노)는 시각장애인 버
질(발 킬머)을 만나는데 빗소리에도 섬세하게 다른 구분이 있고 가치가 있
다는 사실을 알게 된다. 버질은 눈이 보이지 않는 대신 청각이 매우 예
민하고 섬세했다.

영화 〈천국의 속삭임〉은 이탈리아 최고 음향감독이자 시각장애인인 미르코 멘카치의 실화를 다루면서 장애인의 청각을 중요하게 부각한다. 안마사가 되는 것을 거부한 마르코는 온갖 소리를 수집하더니 최고 음향감독이 되었다.

이러한 점들은 모두 시각장애인들이 눈이 보이지 않지만 청각적으로 매우 예민하거나 뛰어나다는 점을 나타낸다. 영화 〈줄리아의 눈〉은 점점 시각을 잃어가는 줄리아가 마침내 보이지 않는 살인범을 알게 되면서 겪게 되는 충격적인 진실을 다루고 있다. 범인은 자신의 가치가 사람들의 눈이 안 보일 때만 존재한다는 것을 알고 일부러 여성의 눈을 안 보이게 약물을 투여하고 자신에게 의지하도록 만든다. 그러한 범인을 퇴치하는 것은 시각이 아니라 자신이 평소에 쓰지 않던 청각이다.

주제 사라마구의 원작을 영화화한 〈눈먼 자들의 도시〉에서도 시각장애가 걸리자 사람들은 눈이 보이지 않는 것에 대해 통탄해하면서 비로소 평소에 보이지 않는 것에서 다른 것을 알게 된다. 하지만 이 영화에서 궁극적으로 강조하는 것은 한순간에 눈이 안 보이게 되자 온갖 비도덕적인 행태들을 한다는 것이다. 시각에 의존한 인간과 문명의 한계를 여실하게 보여준다. 결국 우리는 시각으로 보이는 것만 믿으려 하고 이는 범죄와 수사에도 적용될 수 있다.

영화 〈무언의 목격자〉에서 특수분장사인 빌리는 영화 세트장에서 스너프 영화를 찍으며 여성을 살해하는 장면을 목격하게 된다. 하지만 그가 장애인이라는 이유만으로 경찰은 그녀를 믿지 않는다. 그녀가 시각장애인이 아니라 청각장애인인데도 말이다.

영화 〈블라인드〉(2016)에서 수아(김하늘)는 시각장애인으로 사건 현장을 목격했을 뿐만 아니라 정작 피해 당사자인데도 경찰들은 믿지 않는다. 이러한 구도는 흥미를 자아내기 위한 전형적인 장치다. 진실을 알고 있는 시각장애인의 말을 아무도 믿지 않는다는 것은 결국 시각장애인이 옳은 진실을 대변하는 사람으로 설정되기 때문이다.

진실을 알고 있는 사람이 제대로 평가받지 못하는 것은 대단히 흥미진진하게 다음 이야기를 기대하게 한다. 진실이 밝혀지기를 바라도록 하기 때문이다. 영화 〈줄리아의 눈〉처럼 자신을 해치려는 범인을 볼 수 없다는 사실은 〈블라인드〉에서도 스릴러 특유의 긴장감을 던져준다.

더구나 이 영화에서는 시각장애인이기 때문에 청각이 매우 뛰어난 점을 부각한다. 또한 시각 외에 청각, 그리고 촉각이 매우 예민하게 발달하고 보통 사람보다 뛰어난 역량으로 가치를 발휘한다. 영화 〈블랙〉에서 미쉘도 암흑은 오히려 희망이라며 청각과 촉각을 이용하여 열심히 공부한 끝에 마침내 대학을 졸업한다.

그런데 약자인 시각장애인이 알고 있는 사실이 진실이라는 점만을 강조하면 이전 작품들과 변별성이 없어진다. 영화 〈블라인드〉에서는 무조건 시각장애인 편을 들지 않는다. 수아가 청각과 촉각으로 거의 정확하게 맞춘 내용에 결정적인 오류가 있었고 이를 비장애인 기섭(유승호)이 보완하기 때문이다. 이러한 점은 장애/비장애의 통합성을 말한다. 두 사람이 합심해야 결국에는 난관을 극복하고 서로의 안녕과 행복을 달성할 수 있다는 주제 의식을 보여준다.

많은 영화에서 시각장애에 걸리면 청각이 발달하고 어느 경우에는 매우 초인적인 능력을 발휘하는 것으로 묘사한다. 이러한 점은 현실을 과장할 뿐만 아니라 장애인의 상황을 왜곡할 가능성이 많다. 이들 영화에서 아쉬운 점이 없는 것은 아니다. 눈이 안 보이는 것은 현실 그대로라는 점에서 〈줄리아의 눈〉이나 〈블라인드〉는 장애인 여성이 너무 세련되고 단정하며 매혹적이기만 하다. 또한 시각 의존적인 사회와 문명의 한계와 위험성을 다루는 국내 영화가 나올 때도 되었다.

18

승자가 된 까닭

- 장애의 약자가 이긴 이유, <이끼>

이 영화의 도입부에서 박민욱(유준상) 검사는 주인공 유해국(박해일)에게 이끼처럼 조용하게 살라고 말한다. 하지만 유해국은 이끼처럼 살지 못한다. 유해국이 아니어도 영화 안에 제목과 같이 이끼처럼 살아낸 인물은 따로 있다.

미국 아동안전전문가 케네스 우든Kenneth Wooden은 《차일드 루어스》 Child Lures라는 책에서 실험을 통해 어린아이들이 유괴되는 데 35초밖에 안 걸린다는 사실을 밝혔다. 연구 내용에 따르면 짧은 시간도 그렇지만 무엇보다 아동이 자발적으로 따라가는 현상이 벌어졌다.

자발적으로 따라가니 유괴에 오랜 시간이 걸리지도 않는 것이다. 그렇다면 왜 아동은 유괴범을 자연스럽게 따라가는 것일까? 먹을거리나 선물의 유혹 때문에 쉽게 따라가는 것이라 생각할 수 있다. 그간 영화와 드라마에서 유괴범이 보인 상투적인 대사는 맛있는 음식이나 장난감으로 아동을 유혹하는 것이었다.

하지만 실제는 달랐다. 유괴범은 아이들에게 도움을 요청했다. 아픈 척하거나 힘이 없어 했다. 자신을 부르는 이가 강한 존재가 아니고 약한 사람이라는 인식이 성립하면 아동에게는 마음의 무장해제가 이루어진다.

영화 〈유주얼 서스펙트〉에서 가장 무서운 살인을 저지르고 다니던 이는 가장 약자인 등장인물이었다. 아무도 예상하지 못했던 것은 그가 흉악한 일을 저지를 수 없는 유약한 존재로 생각되었기 때문이다. 영화 〈검은 집〉에서 다섯 명의 남자가 죽지만 범인은 전혀 예상하지 못한 인물이다. 〈유주얼 서스펙트〉에서는 장애인데다가 여성이었다. 이 영화에서 신이화 역을 맡았던 유선은 영화 〈이끼〉(2010)에서 다시금 비슷한 맥락의 배역을 맡았다. 바로 이끼의 철학을 보여주며 최후의 승리를 거둔 인물이 된다. 악역으로만 등장했던 영화 〈검은 집〉과는 달리 완벽한 승리였다. 이끼의 철학은 약사의 승리였다.

이끼는 바위나 자갈, 나무껍질 등에 바짝 붙어산다. 다만 햇빛이 강하게 비치지 않는 음습한 곳에서 자란다. 유선이 분한 이영지는 어린 나이에 마을 청년들에게서 집단 강간을 당한다. 유목형(허준호)은 구약성서의 출애굽기 21장 24~25절 '눈은 눈으로, 손은 손으로, 발은 발로, 화상은 화상으로, 상처는 상처로, 멍은 멍으로 갚아야 한다'라는 논리에 충실하다. 유목형은 천용덕(정재영)과 그의 다른 동료 형사와 함께 마을 청년들을 집단 폭행하도록 한다.

천용덕은 스스로 자신이 유목형의 똘마니가 된 듯한 느낌을 지울 수 없다. 천용덕이 유목형을 주목하고 선택한 이유는 그가 다른 사람의 마음을 쉽게 얻기 때문이다. 무욕과 도덕적 고양 의식으로 철저한 유목형은 도덕적으로 맑기 때문에 부정적인 행동을 일삼는 천용덕 일파의 본색을 숨겨주는 역할을 하게 된다.

물리적인 힘이나 폭력을 사용하지 않아도 쉽게 사람들의 신임을 얻는 유목형은 사람들에게 불신받기만 하는 천용덕에게 매우 중요한 보완제가 된다. 그러한 면에서 보자면 유목형이 가장 강한 사람으로 보인다. 하지만 도덕적 흠결을 가지고 있는 김덕천(유해진), 전석만(김상호), 하성규(김준배)는 항상 도덕적 속죄를 강조하는 유목형이 불편하기만 하다. 물리적인 힘으로는 강하지만 도덕적 흠결이 그들을 한없이 약자로 만들기 때문이다.

하지만 사람들의 신뢰를 얻기 위해서는 유목형을 데리고 있어야 한다. 유목형은 천용덕 일파의 부정을 알고 그들을 출애굽기의 논리대로 해하려 한다. 사전에 그는 무력하게 천용덕 일파에게 저지당한다. 그런데 유목형은 어느새 그들에게 생계를 의지해야 하는 무력한 존재가 되었다.

부정한 행동을 일삼는 그들의 죄악을 파헤칠 수 없으며 무력하게 존재해야 한다. 그가 할 수 있는 일은 스스로 목숨을 거두어 아들을 부르고 내막을 파헤치게 하는 일이다. 육체적으로는 약하지만 정신적, 도덕적으로는 강했던 유목형은 결국 육체적, 물리적으로 강하지만 도덕적으로 약한 천용덕 일파에게 무력하게 당하게 되었다.

그렇다면 어느 쪽으로도 강하지 못한 영지는 어떨까. 유목형을 따르는 영지는 천용덕 일파에게 정신적, 육체적으로 유린당한다. 하지만 그것을 강하게 떨쳐낼 수 있는 힘을 갖지 못했다. 도덕적 고양 의식을 애써 드러내지도 않는다. 영지는 가장 약한 약자였다. 하지만 결국 가장 약한 영지가 이끼의 철학처럼 조용히 모든 것에서 승리를 거둔다.

어둠 속에서 조용하게 힘을 기르는 도광양회와 같다. 모든 구도는 이끼처럼 붙어 있기만 했던 영지의 손안에 있었다. 영화는 "유해국 씨죠? 유목형 씨가 돌아가셨습니다. 아버지가 돌아가셨는데… 오셔야겠죠?"라는 영지의 말로 시작하고 "유 선생님은 절 구원해 주셨고 당신은 복수해 주셨죠"라는 말로 끝나는 셈이다.

결국 강자들은 모두 쓰러지고 가장 약한 존재가 이기고야 만 것은 결국 이끼의 정신에 부합했기 때문이다. 만약 영지가 강자의 면모를 인위적으로 부각했다면 살아남을 수 없었다. 아무도 영지가 가장 강한 타격을 조용하게 가할 수 있는 존재라는 것을 인식하지 못했던 것이다.

중요한 것은 이끼는 햇볕이 잘 들지 않는 음습한 곳에서 존재한다는 점이다. 영지가 승리할 수 있었던 것은 천용덕 일파가 만들어 놓은 음습한 그늘이 있었기 때문이다. 음습함에서 탄생하고 성장한 강자는 그것이 가장 약점이 된다. 그리고 이끼에게 덮힌다.

19

눈먼 시계공을 가로지르는 시각의 성찰

- 안 보인다는 것, <벤자민 버튼의 시간은 거꾸로 간다>

〈벤자민 버튼의 시간은 거꾸로 간다〉(The Curious Case Of Benjamin Button, 2009)
는 제81회 아카데미시상식에서 작품상과 감독상, 남우주연상 등 총 13개
부문에 노미네이트 됐다. 이는 1997년 〈타이타닉〉보다 1개 부문 부족한
기록이며 공교롭게도 〈포레스트 검프〉가 1995년 아카데미시상식에서
노미네이트 된 기록과 같다. 영화 〈벤자민 버튼의 시간은 거꾸로 간다〉
는 어떤 영화일까. 영화는 〈위대한 개츠비〉로 유명한 미국 작가 스콧 피
츠제럴드F. Scott Fitzgerald가 1922년 발표한 소설을 원작으로 만들어졌다.
스콧 피츠제럴드는 노인의 몸으로 태어난 벤자민 버튼(브래드 피트)이 성
장하면서 점차 젊어지다 결국 아이의 몸으로 삶을 마치는 모습을 소설
에 담았다. 영화는 벤자민 버튼과 데이지(케이트 블란쳇)의 엇갈린 인생을
보여주며 두 남녀의 인생을 통해 삶과 사랑, 그리고 늙는다는 것의 의미
를 반추하게 만든다.

　　장애를 극복하고 일생 동안 지속되는 사랑, 물론 좋은 소재이며 마음
을 움직이기에 충분한 이야기이다.

데이비드 핀처 감독은 정상적으로 늙어가는 데이지와 늙은 몸으로 태어나 젊은 몸으로 죽어가는 벤자민 버튼을 대비시키며 삶의 희로애락과 생로병사를 강물 흐르듯 담아낸다. 요소요소에 적절한 위트와 코믹한 요소를 넣어 166분의 긴 상영시간을 지루하지 않게 한다. 특히 특수분장으로 '탄생'시킨 20대 초반의 브래드 피트의 모습은 놀라울 정도. 이번 영화에서 브래드 피트의 친딸 샤일로의 모습을 볼 수 있는 것도 영화의 재미 중 하나이다. 브래드 피트와 안젤리나 졸리 사이에 태어난 샤일로는 원래 출연을 약속한 아기가 울음을 멈추지 않자 대타로 출연하게 됐다.

　이 영화는 〈타이타닉〉과 〈포레스트 검프〉를 연상하게 한다. 영화 〈벤자민 버튼의 시간은 거꾸로 간다〉의 시작은 이처럼 제임스 카메론 감독의 1997년 작 〈타이타닉〉과 닮아 있다. 할머니가 된 여자주인공이 과거를 회상하며 영화가 시작되는 방식이 같아서이다. 그러나 여자주인공 데이지의 기억과 함께 펼쳐지는 벤자민 버튼의 인생을 따라가다 보면 로버트 저메키스 감독의 1994년 작 〈포레스트 검프〉와 상당 부분 닮아 있다는 것을 발견하게 된다. 벤자민 버튼의 인생 역시 검프(톰 행크스)처럼 어렸을 적 첫사랑이었던 데이지를 위한 것이 전부이기 때문이다. 새털처럼 가벼운 삶이 어떤 초콜릿을 선택하느냐에 따라 달라지듯 벤자민의 삶도 우연성 속에 던져진 한 마리 벌새와 같은 것이다. 세계 대전을 비롯해 서사적 판타지로 그려낸 것도 그렇다.

영화의 흐름이 〈포레스트 검프〉와 비슷하게 느껴지는 까닭은 시나리오를 쓴 에릭 로스의 영향도 크다. 에릭 로스는 〈포레스트 검프〉로 1995년 아카데미시상식에서 각색상을 거머쥐었다. 한 인물의 일대기를 통해 미국 근현대사와 조우하는 방식은 〈포레스트 검프〉나 〈벤지민 버튼의 시간은 거꾸로 간다〉나 흡사하다. 비록 벤자민은 검프처럼 미국 역사의 중요한 순간마다 개입하지는 않지만 2차 세계대전이나 아폴로호가 달로 쏘아졌던 순간을 자신의 인생에 기록해 놓았기 때문이다.

영화의 시작은 "나는 기이한 모습으로 태어났다"는 벤자민 버튼의 독백이다. 뉴올리언스로 허리케인이 북상하는 밤, 병원 중환자실에 누워 있는 초로의 할머니는 딸에게 그동안 한 번도 보여준 적이 없는 일기장을 펼친다. 할머니는 딸에게 일기장을 소리 내어 읽어보라고 부탁한다. 딸은 운명의 시간이 별로 남지 않은 어머니를 위해 일기장을 읽기 시작한다. 하지만 그 일기장은 어머니의 일기가 아니었다. 벤자민 버튼이라는 한 남자의 일기장이었다. 벤자민은 데이지를 평생의 연인으로 삼고 그녀의 이름을 앞에 놓고 일기를 쓰기 시작했던 것.

딸은 일기장을 넘기며 어머니와 벤자민 버튼 사이에 있던 비밀을 알게 된다. 때는 1918년. 단추 사업으로 유명한 버튼 가에 80세 노인의 얼굴을 가진 갓난아이 벤자민이 태어난다. 벤자민의 어머니는 그를 낳으면서 숨을 거둔다. 뒤늦게 출산 장소에 도착한 아버지는 벤자민을 보고 충격에 빠진다. 일그러진 얼굴에 아이인데 관절염 등 각종 질병에 걸려 있다. 집 앞에 버려진 아이를 발견한 것은 양로원에 살면서 노인들을 돌보는 퀴니(타라지 헨슨)다. 퀴니는 벤자민을 자신의 아이처럼 따뜻하게 보살피고 죽을 거라는 의사의 진단과 달리 생명을 부지해 나가는 아이. 장애를 극복해가는 과정이 펼쳐진다.

그러던 어느 날 벤자민은 부흥회에 갔다가 휠체어에서 벌떡 일어나게 된다. 처음에는 그것이 종교의 힘으로 여겨졌지만 사실은 자신이 남들과 다르다는 것을 발견하게 된다. 보통 세월이 흐르면서 점점 늙어가는 것과 달리 점점 젊어지는 것.

한층 젊어졌지만 여전히 노인의 모습을 가지고 있던 10대의 어느 날 벤자민은 또래 소녀 데이지를 만나 사랑에 빠진다. 어느덧 10대 후반이 된 벤자민은 또래의 다른 아이들처럼 세상을 향해 여행을 떠난다. 고기잡이 배를 타고 세계를 돌던 그는 운명의 여인 캐롤라인(줄리아 오몬드)을 만나 사랑에 눈뜨기도 하고 사람들과 우정을 나누기도 한다. 20대를 갓넘은 어느 날 2차 세계 대전에도 참전한다.

나이가 들수록 젊어지는 특이한 삶이지만 벤자민의 인생은 여느 인간들의 삶과 다를 게 없다. 첫사랑에 빠지고 가족에게서 독립하고 육체를 탐닉하고 거친 세상과 부딪치게 되는데 80세에서 18세로 가든, 요람에서 무덤으로 가든 모든 삶은 가치가 있는 일이라고 역설한다. 만남과 이별을 반복하다 그들의 40대가 되어서 최고의 타이밍으로 사랑의 절정기를 맞이하게 된다.

하지만 행복한 순간도 잠시, 시간을 거꾸로 가는 벤자민은 사랑하는 데이지가 그의 아이를 임신하자 "혹시 아이가 나처럼 태어나면 어쩌지?"라며 고민에 휩싸인다. 다행히도 아이는 정상적인 모습으로 태어나지만 점점 젊어지는 자신과 자라날 아이를 동시에 키워야 하는 데이지를 위해 떠나는 것이 옳다고 판단한다.

이 영화는 스콧 피츠제럴드의 원작을 바탕으로 했는데 피츠제럴드의 원작의 내용을 그대로 살리는 것을 미덕으로 생각하는 영화들도 있지만 이 영화의 경우는 좀 다른 것 같다. 원작에서 벤자민이 태어나는 해는 1918년 뉴올리언스가 아니고 1860년 볼티모어다. 남북전쟁 직전이며 영화에서 그의 태생에 영향을 미친 것으로 짐작되는 맹인 시계 수리공의 일화 등은 없다. 벤자민은 그냥 그렇게 아무 이유 없이 태어난다.

여러 가지 차이들이 있지만 원작에서 벤자민은 태어나자마자 버려지지도 않았고 쭉 가정의 품 안에서 자라 예일대와 하버드대까지 진학하고 어렸을 때는 이미 날 때부터 말을 하고 유년 시절에는 키가 173cm로 묘사된다.

무엇보다 가장 큰 차이라면 영화와 달리 소설의 벤자민은 아내 힐데

가드를 죽도록 사랑하지는 않는다. 그녀의 나이가 마흔쯤 되었을 때 이미 약간의 싫증을 낸다(소설에서 여주인공의 이름은 힐데가드다. 데이지가 아니다. 데이지는 피츠제럴드의 소설 《위대한 개츠비》 속 인물 이름인데 영화는 여주인공의 이름을 그렇게 바꿔 지었다). 소설에서 벤자민은 손자까지 보며 산다.

피츠제럴드는 이 단편소설을 1922년 〈콜리어스〉*Collier's* 매거진에 발표한 뒤 언젠가 "우리 인생에서 최고의 순간이 맨 처음에 오고 최악의 순간이 마지막에 온다는 것은 참으로 슬픈 일이라는 마크 트웨인의 말에 영감을 받아 《벤자민 버튼의 시간은 거꾸로 간다》를 집필했다"라고 밝힌 바 있다.

피츠제럴드는 트웨인의 말을 중심에 놓고 이리저리 거꾸로 생각해본 것 같다. 인생의 시간이 뒤바뀌면 행복할까, 슬플까? 무엇이 바뀔까? 소설의 기조는 다소 유머러스하기까지 하여 인생에 대한 유쾌하면서도 풍자적인 짧은 한 토막 이야기를 전해 듣는 느낌이다.

이 영화는 시간과 삶에 대한 의미를 생각하게 만든다. 인간의 존재와 시간에 대한 철학적인 성찰마저 녹아 있다. 퀴니는 얘기한다. "서로 다른 길을 가고 있을 뿐 마지막 도착하는 곳은 같다." 그 종착역은 죽음만이 아니다. 그토록 간절히 원하던 사랑의 안착점일 수도 있고 한 인간이 온전히 설 수 있는 변곡점일 수도 있다.

영화 〈벤자민 버튼의 시간은 거꾸로 간다〉를 이해하는데 장애인이 중요한 역할을 한다. 약간의 복선을 주자면 처음에 등장하는 거꾸로 도는 초침에 힌트가 있다. 자신의 죽은 아들을 되살리고 싶다는 시계공이 만든 거꾸로 가는 시계에 주목해야 한다. 뉴올리언스에는 시계를 아주 잘 만드는 케토라는 장인이 있었다. 하지만 그는 안타깝게도 앞을 볼 수 없다. 그에게는 사랑하는 아들이 있었지만 시대를 잘못 만나 할 수 없이 아들을 전쟁터에 내보낼 수밖에 없게 되고 연이어 아들의 싸늘한 주검만을 맞이하게 된다. 케토는 아들을 잃은 슬픔에 새롭게 지어지는 기차역에 붙일 시계를 거꾸로 가게 만든다. 시계를 설치하는 행사가 열리는 날 케토가 만든 시계를 보고 많은 이들은 당혹스러워했지만 이윽고 케토는 시계를 일부러 거꾸로 가게 만들었다고 얘기하면서 이렇게 시계를 거꾸로 돌리면 전쟁터에서 죽은 아들이 혹시나 살아 돌아올지도 모른다는 생각에서 만들었다고 얘기한다. 이후 케토는 고향을 떠났고 죽었다는 소문만이 돌아다닐 뿐이다. 이후 1차 세계 대전이 끝날 즈음 버튼 가에서는 아이가 태어난다고 했지만 아이는 보통의 아이들과는 조금 달랐다. 태어나자마자의 모습이 80대 할아버지 같아서였다.

눈이 안 보이는 시계공의 의미는 무엇일까? 시간은 세계의 창조와 탄생을 말한다. 시계공은 시간을 만들어내는 사람으로 상징된다. 기존에는 '눈이 안 보이는 시계공'이라는 표현은 세계가 창조된 것이라면 세계의 창조주는 눈이 안 보이는 시계공에 불과할 뿐이라는 의미다. 이 영화에서 눈이 안 보이는 시계공이라는 아이콘은 시간에 따라 죽음과 이별에 아파하는 인간의 애절한 소망을 담고 있다.

영화에 대해 아쉬움을 나타내는 목소리도 있었다. 버튼과 데이지의 삶에는 적극성이 결여 되어 있다. 두 사람은 기묘한 인연으로 맺어졌음에도 정작 사랑 앞에서 무책임하고 때론 상대방을 거부하며 현실에서 벗어나 도피하기 일쑤이다. 영화는 영웅을 필요로 한다는 점에서 두 주인공은 가히 실격 감이다.

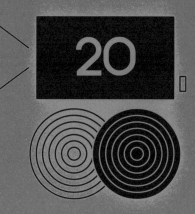

20

조현병에 대한 착오는 왜?

- 조현병 설정, <덕혜옹주>

대한제국의 마지막 황녀이자 고종이 나이 육십에 얻은 유일한 딸이었던 덕혜옹주의 존재가 알려진 것은 그리 오래되지 않았다. 몇 년 전 소설을 통해 세상에 제법 알려지고 이를 바탕으로 영화가 제작되면서 대중적으로 인식되었다.

그런데 덕혜옹주는 조현병을 지니고 있었고 영화에서도 이러한 점이 묘사되고 있다. 조현병調絃病, *Schizophrenia*은 만성 사고 장애로 환각, 망상, 환영을 동반한다. 전 세계 인구 중 조현병 증상으로 영향을 받는 사람은 0.3~0.7%이고 일생 동안 조현병에 걸릴 확률은 1%에 이른다.

조울증이 감성의 양극단에 치우치는 데 반해 조현병은 이성의 양극단을 오간다. 사고의 비약, 관계망상의 형태가 있는데 망상장애는 대부분 근거 없는 믿음과 의심에 기인한다. 조울증이 좋고 나쁨을 오간다면 조현병은 믿고 싶은 것만 믿고 의심하는 것은 한없이 의심한다.

이에 헛것이 들리는 환청과 헛것이 보이는 환시가 동반된다. 2011년 3월 이전에는 정신분열병精神分裂病이라고 불렸는데 분열이라는 말의 부정적인 어감에 개명하게 되었다.

그렇다면 영화 〈덕혜옹주〉(2016)에서는 이 조현병을 어떻게 그리고 있을까? 우선 영화 〈덕혜옹주〉에서는 정신적인 충격에서 기인한 것으로 묘사된다. 억지로 일본에 끌려가 일본인과 결혼하여 감금되다시피 하여 20년 동안 오매불망 조선으로 돌아가길 원하는 덕혜옹주, 드디어 1945년 8월 15일 일본은 연합군에 항복을 선언한다.

덕혜옹주는 뛸 듯이 기뻐하고 딸을 안고 기쁨의 눈물을 흘리며 짐을 싸 들고 항구로 가 조선으로 가는 배를 타려 한다. 드디어 덕혜옹주의 차례가 왔고 신분증을 제시한 덕혜옹주의 이름을 듣고 명부를 뒤적거리던 심사관은 충격적인 말을 한다.

"명부에 이름이 있습니다. 조선에서 거부한 명단에 이름이 있습니다. 조선에 갈 수가 없습니다." 이는 상상도 할 수 없었던 마른 하늘에 날벼락이었다. 직계 왕족이 한국에 나타나면 불리할 수 있다는 생각을 한 것이었다. 매달려도 소용없었고 끌려 나갔다. 이때 일본과 조선 사이에서 덕혜옹주를 포함하여 대한제국 황족을 괴롭혔던 친일파 한택수(김제문)가 지나간다.

"제가 말했지 않습니까. 옹주님은 절대 조선에 돌아갈 수 없을 것이라고 말입니다." 일본에서 장관까지 지낸 그는 유유히 심사대를 빠져나가고 심지어 극진한 대우를 받으면서 조선으로 향한다. 해방에도 핵심적인 친일 인사 한택수는 전혀 처벌받지 않고 오히려 덕혜옹주는 조선에 가지 못하는 신세로 묶인 것이다.

이 상황에서 갑자기 덕혜옹주는 웃기 시작한다. 전혀 웃을 상황이 아닌데 마치 무엇에 홀린 사람처럼 웃기 시작하는 것이다. 더 이상 주변 사람의 시선은 중요하지 않은 듯이 말이다. 조현병의 시작이었다. 이러한 상황은 정신적인 큰 충격이 조현병이 일어나게 만들었음을 말해준다.

생각컨데 매우 오랜 동안에 축적된 정신적인 고통이 이런 증상으로 이어지게 된 것은 아닌지 추측하게 한다. 물론 그 뒤에도 덕혜옹주는 한국으로 돌아오길 원했고 몇 차례 시도했지만 받아들여지지 않았다.

두 번째로 조현병이 등장하는 것은 김장한(박해일)과 다시 만났을 때다. 한때 김장한은 영친왕과 이방자, 덕혜옹주를 이우 왕자(고수)와 함께 상해로 탈출시켜 임시정부에 합류시키려 했다. 하지만 작전은 실패하고 말았다.

김장한은 부상을 입고 남양군도에 총알받이로 끌려갔는데 간신히 살아서 남한으로 돌아오기는 했지만 덕혜옹주를 다시는 만날 수 없었다. 온갖 수소문 끝에 김장한이 덕혜옹주를 찾아낸 곳은 정신병동이었다.

오랜 동안 생사를 찾아 헤맨 김장한은 마침내 덕혜옹주를 정신병동에서 찾아내고 만나게 된다. 처음에는 알아보지 못하지만 김장한이 눈물을 흘리며 "옹주를 지켜주지 못해 죄송합니다"라고 말하자 덕혜옹주는 10분 뒤에 다시 돌아오겠다던 예전 김장한의 말을 되뇌며 빨리 여기를 탈출해야 한다고 말한다. 지금 현실 병동과 일본 탈출 시도 당시의 상황을 구분하지 못하는 것이었다. 그러고는 덕혜옹주는 10분 뒤에 따라온다더니 왜 이제 왔냐고 말한다.

세 번째 등장은 한국으로 돌아온 뒤 공항 입국에서다. 공항에는 상궁 나인들이 잔뜩 대기하고 있었다. 울면서도 기뻐하고 큰절을 올리는 상궁 나인 출신들의 눈물 어린 환대에도 덕혜옹주는 그들이 누구인지 알아보지 못하고 감정 표현을 잘하지 못한다.

다만 자신을 끝까지 지켜주었던 궁녀이자 유일한 동무였던 복순에게만 시선을 많이 줄 뿐이다. 마지막 장면은 궁궐이다. 예전에 고종 황제(백윤식)와 어머니 양귀인(바주미)과 같이 노닐던 덕수궁 중명전에서 잠시 김장한은 덕혜옹주가 좋아하는 사이다를 사러 간다며 자리를 비운다.

그러자 고종 황제와 양귀인이 덕혜옹주를 부른다. 세상에 이미 없는 사람들이 덕혜옹주와 어울려 담소를 나누는 장면이 환상적으로 처리된다. 이는 조현병이 현실과 가상을 구분하지 못한다는 점에 착안하여 낭만적인 분위기로 부모와 나누는 해후를 그린 영화적 연출로 볼 수가 있을 것이다.

곧 김장한이 사이다를 들고 오는데 대화는 여전히 직접 대화가 아니라 마음의 대화체로 이뤄진다. 현실과 가상을 구분하지 못하는 점은 영화 〈뷰티풀 마인드〉에서 다룬 적이 있었다. 그 영화에서는 가상의 세 인물이 실제 친구들인 듯 보였고 영화는 그것을 후반부에 전복시켜 반전의 미학을 추구했다.

이렇듯 영화 〈덕혜옹주〉에서는 조현병을 지닌 옹주가 현실을 제대로 인식하지 못한다는 점, 현재와 과거를 구분하지 못하는 가운데 현실과 가상을 인식하지 못한다는 점을 드러낸다. 환청보다는 환시에 대한 측면을 낭만적인 가족 코드로 담아내고 있기도 하다. 이로써 물리적 증상 측면보다는 낭만적이면서 은유적인 관점에서 조현병을 묘사하고 있는 것이다.

자발적 동기의
느슨한 복지 정책

- 복지 논쟁에 주는 메시지, <글러브>

오랫동안 정보비대칭이론의 대가 조지 애커로프, 그리고 그의 제자 레이첼 크렌턴은 색다른 주제로 주류경제학에 도전해왔다. 그것이 비단 경제학만이 아니라 복지, 교육에도 연관이 있음을 처음에 그들도 알지 못했다. 그들은 정체성*identity*과 경제학의 연관 관계에 대해 10여 년간 탐구해왔고 그러한 일련의 연구 작업을 묶어낸 책이 바로《아이덴티티 경제학》*Identity Economics*이다.

그들의 연구 주제에 대해 간단한 예를 들어보자. 자신이 인사이더에 속한다고 여기면 급여가 적어도 조직을 위해서 일한다. 하지만 아웃사이더의 경우 이상적인 규범은 되도록 일하지 않는 것이다. 조직에 대한 충성은 인사이더에게 이상적인 규범이기 때문이다. 아웃사이더는 적게 일하는 것이 효용감을 높이는 것이고 인사이더는 많은 일을 하는 것이 효용감을 높이는 것이다.

다른 예로 강력한 감독은 인사고과 평가에는 좋지만 적당하게 일하려는 아웃사이더들을 증가시킨다. 그들은 돈을 통해서만 움직인다. 급여를 많이 주어도 적당주의를 선택한다. 하지만 느슨한 감독은 인사고가 평가의 기준은 덜 엄밀해지는 반면 급여에 부응하여 자신의 일을 열심히 찾으려고 노력한다.

그들의 책과 논문은 정체성이 경제행위에 어떻게 영향을 미치고 있는가에 대한 연구이지만 저자들이 강조하듯이 반드시 경제적 행위에만 해당하는 것은 아니다. 교육 측면이나 인종 갈등과도 밀접한 내용이 들어 있다. 그들은 정체성의 요소를 사회적 범주, 규범과 이상, 정체성 효용이라는 구분에 따라 나눈다.

회전목마 실험을 살펴보면 이해가 쉽다. 열 살이 넘은 아이는 4~5살의 아이와 같은 행동을 하며 회전목마를 탈 수가 없다. 이미 유아의 범주에서 벗어나 있고 아동의 범주에 맞는 행동을 해야 한다는 규범이 존재하기 때문이다. 따라서 그러한 규범에 맞지 않으면 효용은 상실된다. 자신이 부유하고 능력 있으며 멋있는 그룹에 속한다고 생각한다면 학업을 적절하게 수행할 것이다.

하지만 그러한 범주에 들어가지 못하면 열심히 하지 않는 것이 규범이 된다. 어차피 자신은 그러한 범주에 들어가지 못하기 때문에 이상적인 수행 규범도 달라지는 것이고 결국 학교생활에 적응하지 않고 모범적인 행동과 반대되는 행동을 하면 역설적이게도 그것이 효용감을 더해준다. 이러한 정도는 백인과 흑인 학생에게서도 똑같이 확인할 수 있다.

백인 학생은 인사이더, 흑인 학생은 아웃사이더 범주에 있을 것이다. 아웃사이더의 범주에 있을 때 이상적인 규범은 학업을 충실히 따르는 것이 아니다. 따라서 이러한 점은 경제적으로는 자신의 미래에 이득이 될 것 같은 학업을 잘 따라가지 않고 중도에 포기하는 흑인 학생들의 태도를 설명해준다.

아웃사이더와 인사이더로 설명하면 아웃사이더는 인사이더에 협력하게 되면 아웃사이더의 정체성을 잃게 되기 때문에 효용감이 떨어진다. 하지만 협력하지 않는 아웃사이더는 자존심, 즉 자신의 정체성은 지키겠지만 계속 아웃사이더로 남게 한다. 소수인종 우대 프로그램의 경우에도 이러한 맥락에서 분석될 수 있는 일들이 벌어진다. 소수인종에 속하는 사람들을 피해자로 만드는 소수인종 우대 프로그램은 소수인종의 범주에 구획하고 규범에 따라야 하는 사람들을 곤란하게 할 수 있다.

소수인종 우대 프로그램의 혜택을 받은 사람은 결국 소수인종으로 남아야 하는 것이며 이는 이미 사회 인사이더로 성공하지 않는 것이 그들의 정체성과 규범에 부합하여 효용감이 높아지는 것을 말해준다. 만약 그러한 프로그램을 통해서 성공한다면 그들의 자존심은 훼손될 것이다. 자칫 동정과 배려라는 것이 그들의 정체성을 위협할 수도 있다. 즉 지나친 우대보다 그들 스스로 자신의 힘으로 영역을 확보하고 활동할 수 있도록 선택지를 자유롭고도 다양하게 확보해주어야 한다. 저자들이 말하듯이 쇼핑몰처럼 말이다.

영화 〈글러브〉(2011)는 이러한 맥락에서 생각해볼 수 있다. 청각장애인 야구단이 생기게 된 계기는 소박한 바람이었다. 특수학교 학생들이 무엇인가 열심히 할 수 있고 그것을 통해서 사회 진출에도 긍정적인 효과가 있을 것이라는 막연한 기대감이었다. 지도교사는 코치에게 학생들을 살살 다루어 줄 것을 주문하기도 한다. 장애인도 비장애인과 같다는 것을 강조하던 교사가 비장애인과 다르기 때문에 훈련을 살살 하라고 하는 역설적인 현상이 벌어진 것이다.

이를 지켜보는 프로 야구 선수 김상남(정재영)은 "야구가 장난인 줄 알아요?"라고 말한다. 그리고 야구는 전쟁이라는 점을 보여주기라도 하듯이 4강에 진출했던 군산상고 학생들과 연습 시합을 붙인다. 막상 시합에 임한 군산상고 선수들은 실실 웃으면서 성심학교 야구부의 공을 피하고 제대로 치지도 않는다. 그러자 화가 난 김상남이 군산상고 팀을 모아놓고 격분한다.

"니들 뭐야~! 어차피 연습이니까 그냥 봐주면 돼? 밟는 건 상관없는데 일어설 힘마저 뺏으면 안 되잖아. 이 시방새들아! 쟤네들은 무슨 고생 안 한 줄 알아? 자기가 흘린 땀만큼 연습하고 고통을 느껴왔어, 알았냐, 이 시방새들아?"

그들에게 성심학교 즉 자신의 팀을 마음껏 밟아달라고 주문한다. 결국 동정과 배려는 동등하게 경기에 임할 수 있는 힘을 빼앗는다. 동정을 제거하고 인정사정 볼 것 없이 실력대로 경기에 임할 것을 주문한 것이다. 경기 결과는 0대 32였다. 그러나 소득은 컸다. 상대방이 전력 투구하지 않으니 경기도 맥이 없을 뿐만 아니라 실력은 나아지지 않는다. 이 때문에 "우리에게 가장 무서운 상대는 도저히 이기기 힘든 강팀이 아니다. 바로 우리를 불쌍하게 보는 팀이다"라는 말이 설득력을 갖는다. 김상남은 팀원들에게 이렇게 말한다.

"우리가 왔다! 너희를 부셔 버릴 것이다!! 집으로 돌려보낼 것이다. 우리가 왔다. 너희를 짓밟으러 우리가 왔다. 짓밟을 수 있을 테면 밟아 봐라. 우리는 승리한다, 으아아!!!!! 우리가 왔다!! 너희를 박살 내러 왔다!! 집으로 돌려보내 주겠다!!"

이러한 과정에서 대등하게 경기하고 실력을 쌓아서 1승을 올리려는 선수들의 자발적인 동기가 일어났음은 물론이다. 이러한 점은 단순히 동정과 배려 차원에서 야구부를 만들었던 애초의 교감과 교사의 의도에서 한층 진보한 것이다.

복지 논쟁이 한창이다. 단순히 동정과 배려 차원에서 이루어지는 복지 정책은 그 수혜 대상자들의 자존심을 무너뜨린다. 그리고 그들의 고정화된 부정의 정체성을 더욱 강화해 무기력한 악순환의 나락에 빠뜨릴 수도 있다.

정체성의 범주가 긍정적인 방향으로 다변화되는 가운데 정책이 개입해야 한다. 동정과 시혜가 많아질수록 그 단기적 지원책에 상응하는 행동은 일어나지 않는다. 오히려 다변적 사회 범주화와 그에 따른 규범화로 그들의 자발적 동기를 불러일으키는 '느슨한 복지 정책'이 오히려 그들의 성취감을 통한 성공을 불러일으킨다.

22

장애인 엄마가 선하기만 할까

- 광기 그 다른 면, <마더>

두 젊은 임금 노동자를 통해 미국 대공황기의 사회상을 잘 다룬 존 스타인벡의 소설《생쥐와 인간》에는 레니라는 정신장애인과 그의 친구 조지가 결국 인생의 화두를 던진다. 세상은 뜻대로 안 되는 것이 생쥐나 인간이나 마찬가지라는 것. 그래서 때로는 소중한 사람을 버릴 수밖에 없는 비극이 예상치 못하게 벌어지는 것이 인생이라고 말한다. 다만 그 가운데에서 결단을 내리는 인간의 의지가 중요하다는 것을 말해준다. 물론 이렇게 단순하게 말할 수 없는 비극적 슬픔이 작품 안에 내포되어 있다. 그것은 레니의 죽음 때문에 빚어지는 일이다.

조지와 레니는 항상 농장을 갖는 꿈을 꾸면서 성실하게 노동한다. 그러나 정작 문제는 정신장애인 레니가 불미스러운 일을 만들어내기 때문에 일터에서 쫓겨나는 불상사가 벌어진다. 물론 파국도 레니가 농장 주인의 며느리를 뜻하지 않게 해치면서 일어난다. 그의 정신, 지적 장애 때문이다.

그래서 작품성 자체로 보았을 때《생쥐와 인간》은 수작이라고 하겠지만 장애인의 관점에서 보았을 때 문제의 소지가 있음도 간과할 수 없다. 즉 장애인을 문제를 일으키는 존재로 여전히 규정하기 때문이다.

봉준호 감독의 영화 〈마더〉(2009)도 마찬가지 맥락 안에 있다. 엄마의 아들 도준은 정신장애와 지적장애를 모두 가지고 있다. 물론 영화는 고의인지 우연인지 특정 장애인으로 분류할 수 없는 복합적인 요소들을 한데 섞어 놓고 있다. 따라서 장애라는 것을 하나의 메타포나 상징으로 독해하게 만든다.

그럴 때 도준은 문제를 일으키는 갈등의 핵심이 되는데 엄마라는 전체적인 틀을 볼 때 언제나 문제를 일으키는 자식이라는 관점에서 볼 수밖에 없다. 어머니에게 자식은 비록 나이 60이 되어도 언제나 돌보아야 하고 잔소리해야 하는 존재이니 말이다. 이를 극단화해 놓은 인물이 도준인 것이다. 성장하는 아이와는 달리 영원히 진전될 수 없는 상태를 지닌 자식이다.

살인 혐의로 감옥에 갇히는 도준을 위해 엄마는 별짓을 다 하고 마침내 크나큰 범죄를 저지르게 된다. 중요한 것은 그 범죄가 반드시 못난 자식 때문에 일어나는 것만은 아니라는 사실이다. 결국 모성 그 자체에 근본적인 죄의 씨앗이 내재되어 있는지도 모른다. 영화는 그것을 말하고자 하는 것인지 엄마를 긍정적인 존재로만 그리지는 않는다. 이 지점에서 관객의 기대를 배반하고 영화적 반전을 시도한다. 물론 이 지점에

크게 동의하지 않는다면 재미없는 영화가 된다. 억울한 아들의 누명을 벗기는 단순한 모성성 영화로 자극하지 않으려는 모티브를 읽을 뿐이 겠다.

장애의 관점에서 보았을 때 결국 장애인들은 공권력에 따라 범죄의 이름으로 쉽게 격리되는 존재로 보인다. 공권력에 대한 비판은 푸코의 《감시의 처벌》이라는, 이제는 너무 일반화되어 식상한 책을 떠올리게 한다. 물론 〈괴물〉과 같이 공권력의 허점을 강조하려는데 더 강조하기 위해 변두리 경찰을 등장시켰다. 중요한 것은 자식을 구하기 위해 다른 장애인을 아들 대신 대체해야 하는 어머니(김혜자)다. 장애인 아들로 인해 벌어진 비극적 상황과 그 와중에서 아들과 같은 처지가 되지만 아들과 달리 죄책감을 이중으로 느끼는 그녀는 단지 절규할 뿐이다. 하지만 관객 말고는 아무도 그 심정을 이해하지 못한다.

이때 모성성의 신화는 보기 좋게 깨어진다. 깨어진 모성성 안에 있는 엄마라는 존재는 그렇게 자식 때문에 차마 하지 못할 짓을 하고도 살아남아야 하는 존재다. 결국 엄마의 죄는 다시 더 큰 죄를 낳지만 그녀는 세상을 버리지 않으며 오히려 달관의 경지로 간다. 허벅지에 침 한 대 놓고 불안을 떨치고 춤을 춘다. 도준의 장애는 자신에게서 비롯한 것이기 때문이 아닌가.

이러한 점을 이끌어내기 위해서 아들은 장애인이 되었고 아들 대신 그 자리를 메운 인물도 장애인 캐릭터여야 했다. 감독은 영화의 전개를 위해 도준을 기억 상실에 정신 착란을 일으키는 존재가 되도록 했다. 분명한 것은 현실에서는 존재하기 힘든 장애인을 만들어 버렸다는 사실이다.

《생쥐와 인간》을 통해 좀 더 비교해보자. 몇 번이나 영화로 제작된 《생쥐와 인간》에서 갈등 상황을 봉합하는 것은 비장애인이었고 장애인은 배제되었다. 영화 〈마더〉도 갈등은 도준이 일으키고 수습은 비장애인(엄마와 도준의 친구)이 했다. 다만 《생쥐와 인간》에서 레니는 제거되었지만 〈마더〉에서는 그렇지 않았다.

〈마더〉에서 도준은 엄마의 마지막 비밀을 알고 있지만 알지 못하는 존재가 되었고 그 아들을 엄마가 제거할 수는 없는 노릇이 된다. 성작 아들의 치명적인 비밀을 숨긴 엄마는 자기의 크나큰 비밀은 남겨 두어야 하고 그 비밀의 의미를 영원히 알지 못해야 한다. 영원히 장애를 가진 존재가 되어야 한다. 그 비밀은 5살 때 자신과 동반 자살을 시도하며 자신에게 먼저 농약을 먹인 어머니에 대한 기억이 불현듯 튀어나올 것 같은 공포감을 주기에 충분하다. 결국 자식은 부모의 비밀을 지켜본 제거할 수 없는 대상인가.

결국 영화 〈마더〉에는 엄마가 없다. 엄마를 강조할수록 결국 자기모순과 자기 파괴만이 아니라 다른 이들도 파괴해야 한다. 장애를 가진 아들을 계속 옆에 두고 있는 한 말이다. 《생쥐와 인간》의 레니같이 〈마더〉의 도준도 항상 갈등을 일으키기 때문인데 그 갈등이 고의든 우연이든 말이다.

그러한 면에서는 영화 〈마더〉는 기존 영화들과 별다를 게 없다. 인식 전환을 꾀하면서 모성성의 자기 비극성이 다를 뿐이다. 《생쥐와 인간》 같이 〈마더〉의 주인공들도 인생 참 계획대로 안 된다. 엄마를 위기에 몰아넣는 사건도 결국 너무나 돌발적이었으니 말이다. 그것이 인생이고 엄마의 삶이기도 하다. 다만 그 엄마(김혜자)의 보호를 받는 자식—장애(도준)를 가진 존재만 천진난만하다.

23

장애와 폭력성에 대하여

- 영화상이 몰리는 이유, <똥파리>

영화 〈똥파리〉를 감독한 양익준 감독은 별명을 하나 얻었는데 상償 수집상이었다. 영화 〈똥파리〉 하나로 전 세계를 돌며 각종 상을 수집하듯 수상했기 때문이다. 프랑스 도빌아시안영화제, 스페인 바르셀로나아시안영화제, 네덜란드 로테르담국제영화제, 싱가포르국제영화제, 스페인 라스팔마스국제영화제 등 10여 개 영화상을 받았다. 작품 내용에 관계없는 메커니즘이 작동하기도 한다. 평균회귀와 수상의 눈사람 효과로 볼 수도 있다. 우선 눈사람 효과를 보자.

다음 영화제 심사위원들은 이전 수상 기록 때문에 수상을 많이 한 작품을 간과할 수 없는 눈사람 효과를 만들어낸다. 눈이 한 번 뭉치기는 어렵지만 어느 정도 뭉치면 자체 동력을 가지고 계속 몸집이 불어나는 것과 같다. 만약 앞선 영화제들이 권위성이 높다면 그 뒤에 있는 영화제는 강하게 영향을 받을 수밖에 없다.

또한 그것은 심사위원들이 이전 심사위원들의 평균 지향성에 동조한 결과이다. 약간 어려운 말일 수 있는데 이는 미인대회 심사에 역시 견주어 볼 수 있다. 외부적으로 보상이 주어지지 않아도 심사위원들은 될 만한 후보를 뽑는다. 만약 그렇지 않다면 전문가로서 능력을 의심받을 것이라 생각하기 때문이다. 평균적으로 그들은 다른 이들이 뽑을 만한 사람을 뽑는다. 특히 대중이 인식했을 때 미인이라고 여길 수 있는 사람을 뽑게 마련이다. 미인대회만큼 이런 평균회귀 현상이 도드라지는 대회도 없다.

이렇게 전문가들이 영화 〈똥파리〉에게 상을 준 것은 단순히 남이 주었기 때문만은 아니다. 이 영화가 '폭력의 재생산'이라는 점을 잘 부각했기 때문이다. 동양적인 정서로 볼 때 원인과 결과, 그리고 인과에 따른 응보를 보여주는 것이겠다. 이러한 얼개를 갖게 될 때 작품의 내적 완결성을 갖추게 된다.

상훈의 아버지는 가정 폭력을 휘둘러 딸을 칼로 찔러 죽게 만든다. 피를 흘리는 동생을 업고 뛰는 아들 상훈을 쫓아 나간 어머니는 차에 치여 죽는다. 그동안 상훈은 무엇을 했던가. 여동생이 어머니를 때리는 아버지를 말려달라고 눈물로 호소하지만 상훈은 내버려 두라며 두려움에 움츠려 있었다. 직접 아빠를 말리던 누이동생은 아버지의 칼에 찔려 죽고 만다. 아버지는 그 죄로 15년간 복역하는데 상훈은 그 아버지를 주기적으로 폭행한다. 어머니와 누이동생을 죽게 만든 아버지에게 응당의 대가를 주어야 한다고 여기는 것이다. 상훈의 폭행은 응보應報의 폭력이다.

상훈은 정신 외상에 시달리는 정신장애인이다. 그는 폭행을 합리화하고 다른 이들의 감정에 공감하지 못하며 일부러 그러한 감정 공유를 차단한다. 대화를 거부한다. 그것의 대표적인 도구가 바로 '욕설'이다. 영화 〈똥파리〉는 가장 많은 욕설이 나온 영화로 기록될 만하다. 그는 또한 자학의 도구로 폭력을 행사한다. 상훈이 휘두르는 주먹은 바로 자신을 향한 주먹이 된다.

그렇게 아버지를 팰수록 패륜아가 되기 때문이다. 그가 청부 용역을 하면서 다른 이들에게 행사하는 주먹질도 결국 자신에 대한 폭행이다. 자신을 똥파리 같은 존재로 만들면서 자기 파괴를 하는 것이기 때문이다. 아버지의 폭력을 방관해서 결국 어머니와 누이가 죽었다는 자책감이 작용한다. 스스로 더 이상 잃을 것이 없는 존재로 만들어 버림으로써 자학의 극단으로 치달아간다. 하지만 아버지의 칼에 상훈이 죽을 수도 있었다면 여동생이 똑같은 폭력적 존재로 성장했을까?

고수는 고수를 알아보고 상처 있는 자는 상처 있는 자를 알아본다. 우연히 골목길에서 침을 맞은 연희(김꽃비)의 대찬 행동을 보고 상훈은 같은 종족(?)임을 알아보았는지 모른다. 자신의 주먹질에 기절한 연희를 옆에서 지켜보고 넥타이의 침을 닦아주고 그에 대한 보상(?)으로 과자에 캔 맥주까지 사준다.

연희가 청부폭력배를 무서워하지 않는 것은 그녀의 집안에도 폭력적 존재가 도사리기 때문이다. 연희의 아버지는 월남 참전용사인데 그는 온전한 정신과 훈장을 바꾸었다. 살육과 폭력의 전쟁터에서 얻어온 것은 훈장만이 아니라 정신분열증이었다. 그 분열증은 과거와 현재가 미래까지 뒤섞어 놓았다.

죽음과 삶을 헤집어 놓아 이미 죽은 어머니를 살아 있는 존재로 여긴다. 다만 온전히 살아 있는 존재가 아니라 바람이 나서 남편과 아이들을 내팽개친 존재로 기억하려 한다. 그것은 자신으로 빚어진 그녀의 죽음을 인정하지 않으려는 본능이다. 전쟁에서 마치 자신의 살인 행위를 방어하려는 것을 연상시킨다. 연희 오빠, 영재는 아버지가 만들어 놓은 말의 폭력 속에서 육체석 폭력을 확장한 괴물로 성장한다.

즉 말의 폭력을 먹고 자란 물리적 폭력의 존재다. 이로써 육체적 폭력은 육체적 폭력만을 길러내는 것이 아니라 정신적 폭력이 육체적, 정신적 폭력을 아울러 길러낼 수 있음을 말해준다. 더구나 여성이 가정에서 겪는 아버지-오빠에게서 받는 이중적인 폭력은 오히려 상훈과 같은 청부 폭력자 앞에서 꼿꼿할 수 있는 힘이 되는지 모른다.

물론 상훈과 연희의 연결은 남성적 로망일 수도 있을 것이다. 언어폭력과 물리적 폭력을 무차별하게 사용하는 남자를 여자, 그것도 순수한 여고생 소녀, 중요한 것은 대물림 혹은 증폭된 폭력 속에서 그 소녀가 어떤 행동을 하는가의 문제이다. 연희는 결국 자신을 지켜내고 폭력적 존재의 감화까지도 이어내고 만다. 그러나 그러한 감화가 결국 상훈의 종말을 앞당겼는지 모른다.

더 중요한 것은 역시 인과응보라는 내적 완결성이 주는 환상이다. 이를 위해 예전 일을 떠올려야 한다. 정신분열증에 시달리는 남편 대신 생계를 책임진 연희의 어머니는 길거리 포장마차를 운영하지만 철거반의 급습을 받는다. 이 과정에서 상훈의 폭력으로 결국 연희의 어머니는 죽음에 이르고 상훈은 팔에 칼자국을 갖게 된다.

영재는 청부 폭력조직에 들어가게 되고 그곳에서 연희의 연인인 상훈을 만나지만 그가 연희와 연결되어 있는 것은 끝까지 모른다. 결국 떼인 돈 수금 과정에서 한 팀이 된 영재와 상훈, 그 과정에서 영재에게 행사한 폭력과 과거의 철거 폭력의 죄과는 영재의 폭력으로 이어져 상훈의 최후를 불러일으키게 된다.

이 영화의 근원은 가정폭력이다. 너무나 일상적인 주제라는 지적이 많았다. 이를 보편적인 주제라고 보면서 〈워낭소리〉의 보편적 정서와 비교하기도 했다. 가정폭력의 중심에는 아버지가 있다. 결국 아버지의 폭력이 무수한 폭력을 낳고 그것은 죽음으로 이어진다는 얼개이다. 그렇다면 아버지는 왜 그러한 행동을 보이는가. 심지어 연희의 아버지는 부엌칼을 들고 딸을 죽이려 든다.

하지만 그 행위가 무엇인지 스스로 인식하지 못하는 아버지, 그는 장애인이다. 상훈의 아버지도 마찬가지이다. 정신적인 공허감이나 무력감을 집안에서 폭력으로 행사하는 사회부적응을 가지고 있을 뿐만 아니라 대인 소통 장애를 앓고 있는 존재인 것이다. 여기에 알코올은 그러한 증상을 촉진한다.

중요한 것은 가정폭력이나 아버지의 인간적 결함 이전에 그들이 가지고 있는 장애인 것이다. 물론 그들의 외부 환경만을 탓하며 폭력을 정당화할 수는 없을 것이다. 여하간에 폭력이 폭력을 재생산하는 것이 아니라 장애가 장애를 만들어낸다. 무엇보다 장애가 폭력을 만들어낸다.

물론 그것은 폭력에 의존해서 장애로 빚어지는 갈등을 미봉하거나 도피하려는 개인의 판단과 선택을 징벌해야 하는 사회적 합의가 존재한다. 그러한 점 때문에 상훈은 그러한 최후를 인과응보 차원에서 얻게 되고 연희의 오빠 영재도 그러한 길을 갈 것이라는 암시를 주면서 영화는 끝을 맺는지 모른다. 이러한 과정을 통해 무엇을 인지할 수 있을까?

이로써 장애를 그냥 방치하는 것은 개인적인 차원에서 문제가 머물고 마는 것이 아니라는 점을 말해주는 셈이 된다. 우리는 이 점을 특별하게 고민하지 않아도 곧 알 수 있다. 그 전제는 폭력 뒤에 도사리고 있는 장애를 인식하는가이다. 자신의 아버지를 폭행하고 있는 장면을 형인이 목격하고 있다는 사실을 인지한 상훈이 미처 자신의 폭행이 또 다른 폭력자를 만들어내고 있음을 느끼는 것과 같다.

똑같은 논리도 재생산된다. 아버지가 방치되었고 역시 아들도 방치되었다. 방치는 방치를 낳는다. 하지만 상훈은 끝까지 자신이 장애를 가진 사람이라는 점을 인식하지 못했다. 인식의 없음은 또한 인식의 없음을 낳는다. 또한 전체적으로 영화는 폭력 이면에 도사린 장애를 인식하지 못한다. 그렇게 인식하지 못하는 것은 어쩌면 당연한 것인지도 모른다. 누구나 장애를 가지고 있지만 그것을 장애로 여기지 않고 다른 개념으로 덮어버리면서 문제의 모순을 더 키워내는 일이 비일비재하기 때문이다.

같은 폭력과 이면의 장애 생산 구도에서 그것에 영향을 받지 않는 인물도 존재한다. 연희 같은 인물이 이에 해당한다. 물론 그것은 또 하나의 판타지일 수 있지만 그것은 언제나 우리가 품을 희망이다. 하지만 그녀에게 정신적 외상이 없을 수는 없으며 그것을 간과해서도 안 될 것이다. 더구나 청부폭력배가 된 영재는 항상 연희의 주변을 맴돌 것이다. 그것은 어떻게 보면 장애 없는 순간은 없으며 어떻게 꿋꿋이 대항해 가느냐가 중요하다.

무엇보다 가장 아쉬운 것은 폭력, 죽음의 기원이자 정신장애인이 아버지들을 모두 방치했다는 점이다. 가정폭력의 축인 상훈의 아버지는 감옥에 방치되었고 정신분열증의 연희 아버지는 군복을 입은 채 반지하 방에 내버려졌다. 그것은 비단 국가가 방치한 것에서만 그 원인을 찾을 수는 없을지 모른다. 영화도 그것을 미처 생각하지 못했으니 말이다.

레이싱 황제는 왜 틱 했을까

- 카레이싱의 이면, <뺑반>

자동차는 편리한 교통수단으로 무한한 자유를 주는 편리한 현대문명의 총아이다. 편리함의 추구는 서로 다르게 추구하니 충돌하는 것이 운명일까. 편리한 것이 불편한 것은 그것이 편리하기 때문일 것이다. 편리한 것일수록 불편함을 만들고 유용할수록 유용하지 않을 수 있으며 고통을 줄여줄 것 같을수록 고통이 가중되는 점이 내재되어 있는 법인데 자동차도 그러하다.

서청재(이성민)는 본래 형사였지만 교통사고 때문에 다리에 장애를 입게 되었다. 그 뒤에 경찰 형사반 생활을 접고 자신에게 장애를 입힌 서민재(류준열)와 부자지간으로 지낸다. 그는 자동차를 무기라고 한다. 다만 그렇게 인정하지 않을 뿐이라고 한다. 편리한 이동 수단이라 생각하는 자동차의 이면을 지적한 것이겠다.

그렇다면 교통사고는 한 해에 얼마나 발생하는 것일까. 2018년 교통사고 통계에 따르면 한 해 7,880건이다. 교통사고는 차체에 충격을 가하는 것이므로 자동차보다 무른 사람의 몸에도 충격이 가해진다. 치명적인 훼손을 입는 사고일수록 사람의 몸도 훼손당하게 된다. 회복이 된다고 해도 대부분 완전한 회복은 불가능하다. 그렇기 때문에 중도 장애를 얻게 하는 것이 교통사고이다. 교통사고가 일어나는 이유는 많지만 가해 주체 가운데 고약한 것은 뺑소니범이다.

뺑반은 교통사고 조사계의 '교통사고 전담반'의 줄임말이다. 뺑소니는 말 그대로 교통사고를 내고 내빼는 행위를 말한다. 사람이 죽는지 다치는지 방치하고 도주하는 행위이다. 사람이 죽지 않는다면 방치할 때 부상 당하고 제때 치료를 하지 않으면 장애를 얻게 된다. 따라서 뺑소니를 치지 않고 책임을 지게 하는 것이 이 전담반의 존재 이유라고 할 수 있다.

이 영화는 교통사고 전담반이 유명 자동차 회사를 경영하는 한국 최초 F1 레이서 출신 사업가 정재철(조정석)의 뺑소니 사건을 수사하는 중심에 있는데 자동차 레이싱을 통해 관객들의 시선을 사로잡는다. 역설적으로 그들은 엄청난 과속을 하는데 정작 장애를 갖는 인물들이 없으니 신기할 노릇이다. 레이싱 카가 일반 자동차에 비해서 비싸서 그런 것인지도 모른다. 정채철은 교통사고 장애보다 언어 장애를 갖고 있다. 급하게 말하면 말이 제대로 나오지 않는 것은 그의 불우한 환경 때문이겠다. 그렇다면 그가 외상을 입은 것은 경제적 요인이 더 컸는지 모른다. 보이지 않게.

그는 말한다. 보이는 게 전부라고. 그런 그의 견해를 따르면 현실에서는 더 큰 교통사고가 일어나고 큰 희생과 부상이 장애를 양산하게 한다. 그렇기 때문에 대부분의 사람은 영화 등을 통해 대리만족하는 것이겠다.

교통사고를 통해 얼마나 많은 사람이 장애를 입고 있는지 부각했다면 더욱 각성하게 되는 영화가 되었을까. 서청재(이성민)의 말대로 "갚으면서 살 수 있는 기회"라도 있기를. 무엇보다 정채철은 자신이 당한 원한과 상처를 다른 이들에 대한 상처와 고통 주기로 보복행위를 한 셈이다. 자신이 당한 것보다 더한 행위로 결국 수많은 사람의 몸은 물론 마음에 장애를 입혔다. 우리가 생각하는 복수라는 것이 어떤 것일지, 성공을 통한 복수도 그렇다.

25

절름발이라고 형사를 못 하는가

- 퇴물 형사의 직업 정신, <식스틴 블럭>

영화 〈식스틴 블록〉(16 Blocks, 2006)은 단순 명쾌하다. 처음부터 관객은 단순명쾌한 것을 예상하고 스크린을 맞는다. 리차드 도너 감독의 스타일을 아는 이들이라면 영화가 어느 쪽으로 흐를지 쉽게 예상할 수 있다. 악당과 정의의 주인공! 전형적인 버디 영화라는 점은 영화의 진행 방향을 명확하게 예상토록 한다.

죄인을 호송하는 경찰관, 10시까지라는 시간, 16블럭이라는 공간의 제약도 확연하게 만든다. 단순 명쾌 속에 전복을 깔아두는 것을 잊지 않는다. 자신이 보호해야 할 증인이 자신을 결코 보호해주지 못함을 아는 순간 모든 것이 뒤바뀐다.

경찰이 경찰을 상대로 싸워야 하며 자신은 경찰이 아니라 경찰을 쏜 흉악한 범죄자가 된다. 이러한 역설 자체가 삶이라는 사실에, 무료한 일상에 지쳐 있던 술주정뱅이 경찰 잭(브루스 윌리스)은 순순히 받아들인다. 자신의 목숨을 내걸고 수감 중인 증인 에디(모스 데프)를 법원으로 죽자 사자 데리고 가려 한다.

증인을 무사히 법원에 데려다주는 순간 자신의 안전을 보장해주지는 못하는 것을 알면서도 말이다. 부패 경찰 안에 자신도 포함되어 있기 때문이다. 자신이 감옥에 갇힐 것이 뻔한데 증인을 법원에 데리고 가는 주인공 잭은 20년 지기 친구이자 악당 경찰도 배신한다.

왜 그는 목숨을 내놓으면서도 도시를 질주해 에디를 법원에 데리고 가려는 것일까? 양심의 가책 때문일까? 아니면 정의감에 갑자기 개과천선하고 싶은 마음이 들었기 때문일까?

이 역설적인 상황에서도 증인을 법원에 데려가는 이유는 아마도 에디가 꿈을 가지고 있기 때문이다. 아이들에게 케이크를 만들어주는 제과점을 열겠다는 에디. 빼곡하게 다양한 케이크 만드는 법이 적혀 있는 그의 노트는 인생의 끝에 있는 퇴물 형사의 꿈을 잃어버린 감수성을 자극한다. 잭에게 꿈은 있었던가.

래퍼이자 배우인 모스 데프의 연기는 소박한 꿈을 지닌 흑인의 이미지를 한껏 고조시켰으며 카리스마 넘치는 역할은 이러한 꿈을 해치는 부패 경찰의 이미지로 충분했다. 그리고 잭은 꿈을 지켜주려는 수호자로 보인다. 퇴락해가는 공권력의 상징인 그가 흑인의 꿈을 보호해준다는 메시지를 전달하는 것인가.

캐릭터라는 차원에서도 부패한 경찰이지만 선한 주인공이라는 설정에 동감한다면 어려울 것 없이 영화는 더 단순 명확해진다. 퇴물 형사를 연기하기 위해 절름발이 연습을 치열하게 하고 살을 찌워 배불뚝이가 되었다고 캐릭터가 크게 바뀌지는 않는다. 수염에 10㎏ 이상 몸무게를 늘리고 신발에 작은 돌멩이를 넣어서 걸어 다녀 절뚝이는 잭을 연기해도 여전히 그는 뭔가 주류에 삐딱하게 걸쳐 기대어 있는 인물이기에 〈다이하드〉의 맥클레인과 닮았다.

더구나 맥클레인과 같이 자신의 뜻과는 관계없이 아주 곤혹스러운 일에 더럽게 엮여버린다. 비록 그렇게 엮이더라도 살신성인의 자세로 성공해내고야 만다. 다만 지나간 삶의 역정에 찌들어 버릴 대로 버린 잭은 〈다이하드〉와 같은 날렵하고도 팔팔한 액션 경찰의 모습을 보이지는 않는다. 맥클레인이 오히려 나이 들어 인생과 삶을 반성하고 성찰하고 그것을 통해 에디와 하나씩 짚어가는 과정을 그리는 듯하다.

그렇지만 버스 질주의 최종 장면이라든지 지하철에서 우연히 에디를 찾는 장면이 명쾌하지만은 않다. 아파트와 앰뷸런스 바꿔치기나 법원의 반전은 단순 명쾌하다. 그것은 어디선가 많이도 본 장면이기 때문이다. 이것 말고도 빈번하게 액션 영화에서 많이도 본 장면들을 이 영화는 단순 명쾌하게 연결지어 놓은 것이 장점이자 새로울 것 없는 한계다.

26

한국의 헬렌 켈러들을 위한
법에 대하여

- 너무 교육을 나누면 오히려 독, <내겐 너무 소중한 너>

2021년 빌보드 싱글 차트 1위를 차지한 방탄소년단의 '퍼미션 투 댄스' *Permission to Dance*는 뮤직비디오 때문에 더욱 화제가 되었는데 바로 '행복', '춤', '평화'를 뜻하는 국제 수어가 등장했기 때문이다. 많은 청각장애인이 동참했고 좋은 평가를 내렸다. 다만 시청각장애인들에도 이런 뮤직비디오를 접할 수 있게 하는 날을 꿈꾸게도 했다. 시각장애나 청각장애 영화는 제법 있더라도 시청각 장애를 다룬 영화는 없다시피 하다. 이런 현실에서 관련 영화가 코로나19라는 엄혹한 현실에서 개봉된다고 하니 반가울 수밖에 없었다. 단지 다룬 것에 머물지 않고 관련 입법에 영향을 주려면 대중적인 흥행이 되면 더 좋을 것이고 그것이 대중영화의 역할이라 할 수 있다. 바로 영화 〈내겐 너무 소중한 너〉(2021)는 시청각장애를 다룬 대중영화이기 때문에 기대감을 갖게 했다.

어렵게 소규모 행사 대행업체를 운영하는 재식(진구)은 내레이터 모델 지영이 목숨을 잃었다는 소식을 접하게 된다. 아무도 예상하지 못한 실족사였다. 지영에게 받지 못한 돈을 아쉬워하는 재식은 집을 찾아갔다가 은혜(정서연)를 만나게 된다. 낯선 사람이 집에 들어왔는데 은혜는 아는지 모르는지 빵을 찾아 물고는 자신의 공간인 탁자 밑으로 들어갈 뿐이다. 재식은 은혜가 눈이 안 보이고 귀는 들리지 않는다는 것을 알게 된다. 은혜는 시청각장애인이었다. 은혜의 엄마 지영은 내레이터 모델을 하면서 남편 없이 7살 은혜를 키우고 있었던 것이다. 이제 은혜를 돌봐주던 엄마도 없는 상황. 이때만 해도 재식은 집안에 돈이 될 게 있나 살펴보는 데 더 집중할 뿐 은혜에게 관심이 없었다. 그런 가운데 집 주인이 밀린 월세를 받으려 찾아온다. 은혜의 아빠인 줄 알고 전세금 이야기까지 하는 집주인. 재식은 전세금이 있다는 말을 듣고 그 돈이라도 받으려고 가짜 아빠 행세를 하게 된다. 하지만 생전 장애인과 생활해본 적도 인식도 없으니 좌충우돌한다. 실수투성이에 이상한 이웃 주민들의 눈초리가 따갑다.

더구나 전세금을 받을 생각을 했지만 지영에게 채무가 있어 빌라마저 가압류 붉은 딱지가 붙게 된다. 위기에 몰린 재식인데 이때 정읍의 이모가 지영이의 돈을 빌려 갔다는 말을 들은 재식은 무턱대고 그 이모를 은혜와 함께 찾아 떠난다. 이 와중에 재식에게 채무가 있는 건달들은 그를 쫓아 정읍까지 와서 괴롭힌다. 이런 와중에 돈 빌려 간 이모의 정체도 암울했다. 이모가 사기꾼이라는 사실을 알게 되었고 돈은 한 푼도 받을 수 없었다. 하지만 며칠 일하며 겪는 일에 은혜와 시골 생활 속에서 정서적 치유가 되어간다. 가짜 아빠 행세를 하게 된 재식은 별로 관심이 없던 은혜와 친하게 되고 점차 시청각장애인의 현실에 대해서도 알게 된다.

영화 〈내겐 너무 소중한 너〉는 극영화 최초 시청각장애를 소재로 한 영화로 시청각장애인을 위한 이른바 '헬렌켈러법' 제정을 위해 제작되기도 했다.

시청각장애인을 수용하는 제도의 미흡한 현실을 영화에서 반영하고 있다. 재식은 비록 가짜 아빠지만 아빠 역할을 다하기 위해 장애인 교육 프로그램에 은혜를 참여시킨다. 하지만 재식이 목도한 수업 광경은 들리지 않는 은혜에게 큰소리로 시각장애인 교육이 이뤄지는 모습이었다. 시각장애인 교육에서는 청각장애인을 고려하지 않고 있었다. 청각장애인들을 위한 교육 프로그램에서는 반대로 시각장애인을 위한 교육 방법이 빠져 있었다. 시청각장애인은 따로 시각장애인과 청각장애인으로 등록을 이중으로 해야 했다. 실제로 현행 장애인복지법이 규정하고 있는 15가지 장애 유형에 시청각장애는 포함되어 있지 않다. 미국, 일본, 스웨덴 등 국가에서는 시청각장애를 별도의 장애 유형으로 규정하고 지원 체계를 마련하고 있다.

시청각장애인을 위해서는 관련 입법이 필요하다. 이른바 '헬런켈러법'인데 시청각장애인의 정보접근권과 의사소통 지원, 전담 기관 설치

등이 거론된다. 이 법은 시각장애와 청각장애가 동시에 있는 시청각장애인들의 권리 보장과 사회통합을 지원하려는 법이다. 단일장애(시각, 청각)보다 일상에서 더 많은 제약을 겪기에 별도의 법 제정이 필요함에도 국내에는 관련 제도나 지원이 전무하다.

2017년 한국장애인개발원 연구자료에 따르면 시청각장애인 3명 중 1명이 정규교육조차 받지 못했고 최근 2년 내 건강검진도 절반이 못 받았다. 10명 중 7명은 혼자는 일상생활이 불가능했다. 시청각장애인은 일상생활에서 이동과 의사소통, 정보 접근이 사실상 불가능하기에 시청각 중복장애인을 위한 다양한 서비스가 있을 수 있는데 이를 전문적으로 담당하는 것이 시청각장애인 지원 전담기관 설치이다. 시청각장애인들의 의사소통에 필요한 보조 기기 개발·보급도 무엇보다 중요하다. 여기에 전문통역자 양성도 필요한데 특히 촉수화, 촉점자 통역자 등 전문인력 양성이 필요하다.

영화에서 재식과 은혜는 손바닥과 손가락으로 대화를 나눈다. 수화의 경우에는 시각으로 볼 수 있을 때 가능하고, 촉수화, 촉점자는 시각과 청각 장애가 있을 때 중요하다. 하지만 인력은 그렇게 많지 않은 상황이다. 장애인 단체에서는 이러한 규정이 장애인복지법만으로는 부족하고 시청각장애인의 권익을 보호하기 어려운 점을 지적한다. 나아가 특별법 제정이 필요한 것을 말한다. 당사자들에게는 생존의 문제이기 때문이다.

영화는 이러한 점에서 좀 아쉬움이 있다. 시청각장애는 단순히 보이지 않고 들리지 않는 문제를 떠나 세상과의 소통 자체가 단절돼 버린다. 마침내 재식과 은혜는 이별하고 은혜는 시설에 들어가고 만다. 제도적인 법안에 관련한 내용들이 거의 나오지 않고 재구와 은혜의 인간적인 관계에만 초점을 맞추어 더욱 아쉬울 따름이다. 은혜의 관점보다 재식을 중심으로 이야기를 풀어나간다는 점도 아쉬웠다. 더구나 스스로 은혜의 관점과 인식, 세계관이 덜 드러났다. 시청각장애인을 어린 여자아이로 등장시킨 것도 그 때문일 것이다. 배려해 주어야 하는 어린아이라고 생각하기 때문이다. 하지만 시청각장애가 어린아이만의 문제는 당연히 아닌 점이 부각되어야 했다.

앞으로도 더욱 부각되어야 하고 그것은 누구에게나 다 해당하는 문제일 수 있음을 공감해야 한다. 시청각장애인은 전국적으로 5천 명에서 1만 명으로 추산되지만 정확한 현황조차 파악되지 않는 상황에서 이 시간에도 살아내고 있다. 누가 옆에 없어도 자율적으로 살아내기를 위해 더욱 관련 입법과 공공적 지원이 하루빨리 필요하다.

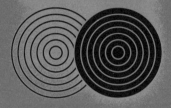

27

또 하나의 부캐릭터와 멀티 페르소나

- 신체 이미지의 덫, <원더>

처음 보는 사람들은 잘 모르지만 어린 시절부터 이마에 주름이 있었다. 그렇기 때문에 어떤 사람들은 어른 얼굴도 있고 아이 얼굴도 있다고 했다. 젊은 20대에게 이마에 주름이 있으니 당연히 어려 보이는데 나이 든 사람의 얼굴도 있어 보일 것이다. 주름살은 나이의 상징이니 말이다. 항상 늙어 보인다. 나이가 들어 보인다는 말을 많이 들었다. 한번은 34살 때였는데 아는 어르신이 여성을 소개해주겠다고 했다. 연상이어도 되느냐고 물었다. 나는 연상도 상관없다고 했다. 그런데 알고 보니 44살의 여성을 소개해주시려고 했다. 연상이어도 상관이 없잖아요. 좀 꾸물거리면서 말했는데 "나이 차이가 많이 나서요"라고. 그분은 다시 말했다. "뭐가? 김 선생 마흔 살 넘었잖아"라고 하셨다. 좀 당황스러운 말이었다. 아, 저는 34살이거든요. 이렇게 나이 들어 보이는 이유 가운데 하나는 아마도 이마에 주름살이 가득하기 때문일 것이다.

또 하나. 어린 시절부터 오랑캐라는 말에 시달려야 했다. 수업 시간에 선생님들은 머리가 곱슬거리는 사람들은 토종이 아니다, 오랑캐의

씨가 섞였다고 했다. 당시는 단일민족이라는 인식이 강했기 때문에 오 랑캐라는 말은 정말 좋지 않았다. 그 때문에 머리를 가리고 싶었다. 더 구나 이마에는 주름이 생기기 시작했다. 고등학생인데도 이마에 주름 이 있으니 늙어 보인다고 했다. 이마에 주름 이야기만 나오면 신경이 날 카로워졌다. 그래서 생각해낸 것이 모자를 쓰는 방법이었다. 한동안 모 자를 쓰면 곱슬머리와 주름을 가릴 수 있어서 좋았다.

영화 〈원더〉(Wonder, 2017)에서 어기(제이콥 트렘블레이)는 헬멧을 쓰고 다 니는 수준에서 벗어나 우주복을 입고 다닌다. 영화 〈화성 아이, 지구 아 빠〉에도 비슷한 캐릭터가 등장한다. 아내를 잃어 슬픔을 견딜 수 없는 SF소설가 데이비드 고든(존 쿠삭)은 친지들이 반대하는데도 아내가 죽기 전 함께했던 약속이라는 이유로 6살 사내아이를 입양하는데 이 아이는 자신이 화성에서 왔다며 헬멧이나 종이박스를 뒤집어쓰고 다닌다. 데 니스(바비 콜맨)가 그렇게 행동하는 것은 자신을 버린 부모에 대한 심리적 방어기제였다. 자신을 버린 것은 자신이 외계인이기 때문이라고 합리 화하면서 위안 삼는 것이다. 여기에 일종의 ADHD가 있어서 산만한 행 동을 하는 점에서 처음에는 적응을 못 할 수도 있었다.

영화 〈원더〉에서 어기는 다른 이들과 다른 얼굴이기 때문에 우주복 까지 뒤집어쓰고 다닌다. 안면이 이형이기 때문에 정말 많은 수술을 받 았다. 그 횟수만 27차례이기 때문에 그 자체가 고통스러울 수밖에 없었다. 여전히 사람들은 좀 낯설게 생각한다. 그러므로 집에만 있었는데 어기가 10살이 되자 엄마 이사벨(줄리아 로버츠)과 아빠 네이트(오웬 윌슨)는 이에 머물지 않고 마침내 학교에 보내기로 한다. 더 이상 헬멧이나 우주복을 쓰고 학교에 갈 수는 없다.

교장은 아이들에게 잘 지내라고 하면서 세 명의 학생을 붙여주지만 그들은 놀라운 표정을 짓는다. 하지만 교장 선생님의 말이므로 어울리기는 하는데 탐탁지 않은 반응이 우세했다. 역시 다른 친구들도 이상한 시선을 주고는 한다. 아이들에게 따돌림과 괴롭힘을 당하자 어기는 울음을 터트린다.

엄마는 우는 어기의 눈을 바라보고 이렇게 말한다.

"넌 못생기지 않았어. 그리고 널 정말 알고 싶은 사람은 그걸 알게 될 거야." 외모보다 내면을 더 알고 싶어 하는 이들이 있고 그런 사람들이 친구가 될 것이다. 좋은 말이지만 평범한 듯한 이 말보다 더 많이 사람들에게 공유되는 말도 있다.

"우리는 모두 얼굴에 표식이 있어. 얼굴은 우리가 나아갈 곳을 보여주는 지도야. 또 얼굴은 우리가 지나온 곳을 보여주는 지도야. 그러니 절대 못생긴 게 아니란다."

누구나 얼굴에 홈이 있을 수 있다. 그것은 어떤 형태이건 간에 미래를 위한 것이지 과거를 위한 것이 아니다. 왜냐하면 우리는 얼굴을 통해 삶을 영위하기 때문이며 영위를 어떻게 하는가에 따라 얼굴에 또 표가 날 것이다. 지도는 잘 활용하는 사람에 따라서 달라지고 가치가 좌우될 수밖에 없어 보인다. 어기 얼굴에 이형의 무늬들이 있어 낯설게 느껴진다. 하지만 어기는 항상 긍정의 기운과 밝은 에너지를 통해서 다른 이들에게 기분 좋게 하는 매력이 있다.

교장은 이렇게 말한다.

"어기는 외모를 바꿀 수 없습니다. 그렇다면 우리가 그 외모를 바라보는 시선을 바꿔야 하지 않을까요?"

신체 이미지에 대해서 사람들은 저마다 생각이 있다. 그것이 이상적일 수도 있고 현실적일 수도 있다. 그에 따라서 우리의 행동과 상대방에 대한 판단이 달라진다. 사람은 완벽할 수 없고 완벽한 신체를 갖는다는 것이 누구의 기준인지 알 수가 없다. 완벽한 외모를 가진 존재라는 스타들도 자신의 얼굴에 만족하는 경우는 적다. 신체조건도 마찬가지이다. 누구나 흠이 있고 또한 콤플렉스를 가질 수 있다. 없는 사람이 있다면 그것이 비정상이다.

정상에 대한 비현실적 환상이 자신과 다른 사람들을 숨 막히게 하고 심지어 생명을 앗을 수 있다는 점을 우리는 조금만 귀 기울이면 알 수 있다. '장애를 갖고 있다, 그렇지 않다'라는 기준은 머리 안의 신체 이미지 때문이고 그것이 특정하게 작동하기 때문이다. 그 신체 이미지를 달리 가진다면 신체장애에 관한 인식도 많이 달라지고 다시 자리매김할 수 있게 될 것이다.

지금은 캐릭터 시대라고 할 만큼 사람들은 이제 주목하고 있다. 하지만 단순히 하나가 아니라 자신 안에 있는 다양한 캐릭터들을 발현시킬 수 있는 점을 중요하게 생각한다. 사람들의 소망을 반영하는 대중문화에서도 이러한 점은 부캐릭터나 멀티 페르소나 현상으로 빚어지고 있다.

그런 면에서 우리가 알고 있는 혹은 보이는 얼굴은 단 하나의 캐릭터에 불과하다. 〈복면 가왕〉이라는 예능 프로그램이 이러한 다중 캐릭터 현상에 대한 마음을 담아낼 때 세상은 그 의미를 온전히 알지 못했다.

이 영화에서 인상적인 점은 또래 관계들을 중심에 뒀다는 점이다. 영화 〈말아톤〉같이 엄마와 어른들의 시선이 중심인 점과 다르다. 물론 장애 유형이 다르기 때문에 가능한 일이다. 어기는 친구를 만들기 위해 잭에게 시험지를 보여준다. 교육적으로 모범적인 가치를 강조하기보다 또래 문화 관점에서 접근했다. 잭은 이후 친해지지만 다른 친구들이 어기를 싫어하기 때문에 핼러윈 데이 때 미처 어기가 스크림 가면을 쓰고 있음을 알아차리지 못하고 교장 선생님의 부탁 때문에 어울리는 거고 이제 어기가 자신을 졸졸 따라다닌다고 말하는데 이를 어기가 듣고 만다.

잭에게 냉랭해지는 어기. 잭은 고민하는데 하지만 갈등이 약간 있었음에도 이를 극복하고 오히려 어기와 놀지 말 것을 종용하는 다른 친구에게 주먹을 날린다. 교장도 쿨하다. 2일의 정학이면 된다고 한다. 처벌해야 하지만 또래 문화를 인정하면서도 진정한 가치가 무엇인지를 간접적으로 강조하는 모습이 인상적이다.

누나 비아는 학교에서 놀림당하는 어기에게 "돋보이게 태어나면 섞이기 힘든 거야"라고 말한다. 누구나 다 돋보이는 존재이다. 그렇게 생각하면 누구나 섞일 수 없다는 생각을 멀리하게 된다.

물리적인 불편함이 있는 점은 인정해야 한다. 안면기형장애는 태아의 얼굴이 형성될 때 골격이 비정상적으로 발달하며 일어나는 장애인데 눈, 코, 입의 위치가 원활하게 생활할 수 있는 범위 밖에 있어 시야나 호흡 등에 심각한 문제까지 생길 수 있는 상태를 말한다. 이런 상황이면 기능적인 측면에다가 미감적인 측면에서 불쾌감을 줄 수 있다. 하지만 그것은 교류와 노출 소통이 없었을 것이다. 미적인 문제에서 과연 우리 스스로는 얼마나 뛰어나거나 호감인가. 거의 대부분은 그렇지 않기 때문에 그들이 느낄 불편함이 우선이어야 함은 말할 것도 없다.

28

장애 영화 트렌드의 변화

2000년대 초만 해도 사실(현실) 중심이냐, 메타포(은유) 수용인가는 여전히 장애 관련 영화에서 논쟁의 화두였다. 장애 인식 개선은 고사하고 개선조차 되지 않은 상황에서 현실을 낱낱이 드러내 주는 영화가 아니라 은유적인 영화의 추구는 사치로 보일 수 있었다. 하지만 자칫 장애 묘사의 리얼리즘에 지나치게 되면 영화 〈오아시스〉(2002)의 문소리 연기 딜레마에 빠질 수 있었다. 그나마 사실과 은유가 서로 어울리기 시작한 것은 영화 〈말아톤〉 때문이었다. 이 장애 관련 영화는 흔하지 않게 500만 관객 동원이라는 대중적 성공을 거뒀기 때문이다. 이 영화에도 메타포들이 삽입되어 있었기 때문에 거꾸로 장애인 현실을 낭만화했다는 지적도 나오는 게 당연했다.

시간이 지남에 따라 사실(현실) 중심이냐, 메타포(은유) 수용이냐는 분리가 아니고 어느 하나가 대체하는 것이 아니라 적절하게 융합해야 한다는 인식이 자연스럽게 확립되기에 이르렀다. 대중영화일수록 더욱 그런 흐름이 이어지게 되었다.

영화 〈말아톤〉처럼 한국의 장애 관련 영화들은 가족과 밀접하게 연결되어 있다. 이는 두 가지 이유 때문인데 하나는 장애인 복지가 국가 정책이나 제도보다 가족의 부양에 의지하고 있기 때문이다. 다른 하나는 영화의 대중적 흥행은 물론 부가 판권시장에서도 수익모델을 구축하기 위해서이다.

여하간에 모든 혁신적인 시도와 실험이 가족주의로 수렴되는 현상이 벌어진다. 하지만 이제 그 가족은 단지 혈연이나 혈통주의에만 귀결되지 않는다. 또한 단순히 가족이 온전히 장애인을 떠안아야 한다거나 가족의 역할을 희생과 책임, 나아가 시혜주의 관점에서 옹호하지도 않는다. 스토리텔링 안에서 장애/비장애의 통합성을 말하기도 하고 장애인의 주체적인 자립성을 언급하는 수준까지 이르게 되었다. 그나마 그동안 많은 장애인과 장애인 단체들의 모니터링과 의견 개진이 조금씩 우회적으로 반영되었기 때문이다.

나아가 몇몇 영화들을 통해 트렌드 변화와 지형도를 살펴볼 수 있다. 영화 〈길버트 그레이프〉(1993)처럼 장애인 형제 때문에 다른 형제가 고통스럽다는 설정에 머물렀다면 문화 지체에 빠진 셈일 것이다. 오히려 〈레인맨〉(1988)보다 발달장애인 진태(박정민)가 능동적이어서 그간 장애 인식의 변화를 담아낸 셈이다. 다만 아쉬운 것은 여전히 발달장애인의 관점은 감동에 밀려버렸다.

영화 〈나의 특별한 형제〉(2019)에서는 지적, 지체 장애인 형제가 등장하는데 이 둘은 혈연적인 형제는 아니라서 시사하는 바가 있었다. 지체 장애인 세하(신하균)와 지적장애인 동구(이광수)가 서로 장단점을 보완하며 한 몸이 되어 살아가는 모습은 대안 가족적이었다. 혈연관계가 아니라고 해도 서로 돕고 의지할 수 있으며 나아가 자립생활도 모색할 수 있다는 희망 메시지를 부분적으로 담기도 했다. 무엇보다 동구의 엄마 정순(길해연)은 친권을 주장하는데 낳아준 엄마이기 때문에 각종 법적 권한을 갖고 있는 점은 혈연적 가족제도에 대한 한계를 우회적으로 지적한다. 덧붙여 세하는 착한 장애인이 아니어서 눈길을 끈다. 욕설도 하고 자기 욕망도 드러내며 편법을 취할 때도 있는데 이런 상대적인 모습이 장애인 캐릭터의 트렌드이기도 하다. 어쨌든 그들은 자립을 꿈꾸지만 오히려 동구가 가족 안으로 들어가는 현실적 한계도 내포하고 있다.

그런 면에서 진일보한 영화는 〈채비〉이다. 여전히 장애인은 어머니 품 안에 있고 아버지들은 아직도 부재중이다. 〈그것만이 내 세상〉에서도 어머니가 비장애인 아들이 아닌 장애인 아들을 계속 보듬었고 영화 〈나의 특별한 형제〉에서도 동구를 찾은 것도 결국 어머니였다.

그러나 그 어머니들이 과연 장애인 자녀의 인생을 모두 책임질 수 있을까. 여기에 영화 〈채비〉의 주제 의식이 출발하고 결론 내려진다. 서른 살 발달장애인 아들이 스스로 혼자 살 수 있도록 자립생활을 돕는 어머니의 모습은 한국 영화에서는 낯설지만 한국적 가족주의가 배어 있다.

영화 〈인사이드 아임 댄싱〉에서 본격적으로 문제 제기했던 장애인의 자립생활이 한국에서 가족주의 특히 엄마와 이렇게 결합할 수 있었다. 영화 〈조제〉에서는 사랑에도 연연해하지 않고 오히려 사랑의 상처를 초월하여 비장애인들을 자신의 자동차에 태우고 다니는 조제의 캐릭터 속에서 그동안 장애인의 주체성과 자립생활에 대한 담론이 알게 모르게 영향을 미쳤음을 깨닫게 된다.

근래 인상적인 작품은 영화 〈나는 보리〉이다. 이 영화는 비장애인 아동을 장애인 가족 속에 등장시키면서 비장애/장애 통합성은 물론 각자 어떻게 자신의 역할을 하며 상호보완은 물론 유기적으로 살아갈 수 있는지 보여준다. 〈그것만이 내 세상〉처럼 누군가를 위해서 인위적으로 희생하거나 배려하는 것이 감동을 줄지언정 오히려 각자의 장점과 기여할 수 있는 여지를 훼손할 수 있다는 점을 〈나는 보리〉에서는 장애 현실에 더해 은유적으로 보여준다.

영화 〈돌멩이〉(2020)처럼 장애인이라는 이유로 편견의 희생양으로 범죄자 누명을 쓰거나 영화 〈조커〉같이 장애인에 대한 편견은 물론이고 경제 위기로 인해 장애인이 범죄자가 될 수 있는 환경은 코로나19 상황에서 현재는 물론 미래적일 수 있다. 어느 때보다 장애인에게는 중요한 분수령이다. 물론 〈그것만이 내 세상〉에서 부유하고 유명한 피아니스트 한가율(한지만), 영화 〈퍼펙트맨〉의 로펌 대표 한장수(설경구)는 중도장애가 부와 명성을 가리지 않고 찾아온다는 점을 잘 보여준다. 한편 영화 〈증인〉처럼 발달장애인의 특별한 능력을 강조하는 영화는 계속 나오겠지만 이 영화처럼 그래도 문화 예술을 넘어 다양한 분야를 설정한다면 그나마 신선할 것이다.

요컨대 관습과 혁신 사이에서 장애인 관련 영화는 당사자주의 주체적 관점의 능동성을 사실과 은유 사이에서 부지런히 시도하면서 외연을 끊임없이 넓혀가는 노력을 멈추지 않을 것이다.

장애 필터를 끼지 않아도 될 날

영상 콘텐츠의 기반은 책이다. 영화는 물론 드라마도 더 말할 게 없다. 책 이야기를 하면서 책을 마무리하고자 한다. 장애 관련 도서는 적다. 있어도 장애에 관한 전문 학술서다. 장애인 작가들의 시와 소설이 간혹 있다. 장애인이 자신의 경험을 담은 책은 더욱 드물다. 에세이 장르가 많은데 대개 유명인이나 성공한 사람으로 취급받는 저자들이다.

그 가운데 장애인 당사자가 장애인 관점에서 쓴 비평글을 묶은 책은 더욱 드물다. 대중문화 전반에 걸친 비평서는 더욱 드물다. 대개 있어도 영화와 같은 장르에 한정되고는 한다. 차미경의《기울어진 스크린》은 제목에서 암시하듯이 영화 비평을 토대로 대중문화 전반에 걸쳐 장애 관점을 투영하고 있다. 부제가 '장애 필터를 통해 대중문화읽기'다. 영화에 관한 책들도 많이 줄어든 상황에서 대중문화 전반에서 장애 관점을 드러내는 책은 반가울 수밖에 없었다.

　인상적인 몇 가지 사례 분석이 있다. 우선 첨단 기술을 강조하는 기업 광고에 지닌 점이다. KT가 따뜻한 기술을 내세우며 엄마의 목소리를 청각장애인에게 들려줄 수 있는 점을 강조했다. 저자는 수어로도 충분히 가능한데 목소리 자체를 찾아주는 것은 정상성에 관한 편견이라고 말한다.

　인공 와우 수술을 지원하는 것도 마찬가지라고 한다. 또한 현대차그룹이 웨어러블 로봇을 입고 활을 쏘는 척수장애 선수 광고도 마찬가지 맥락에서 이해할 수 있다는 것이다. 이런 광고들은 모두 개인에게 장애의 책임을 전가하는 것이고 극복을 전제로 하지 사회의 환경이 개선되어야 하는 점을 간과한다고 본다. 저자의 맥락에 따라 그냥 개성을 갖는 존재에 맞게 사회구조를 바꾸는데 더 노력해야 한다는 점에 동의하지 않을 수 없다.

　저자는 천사 같은 도우미가 필요 없다고 한다. 영화 〈보살핌의 정석〉

을 통해 특별한 윤리적 덕목을 갖춘 착한 간병인이 필요 없고 직무 원칙에 따라 전문 직업인이 중요하다고 말한다. 기본에 충실한 전문가다운 태도가 장애인에게도 도움이 되고 그것이 인간적이고 따뜻한 역할이라고 말한다. 관계 이외에 더 플러스에 해당하는 인간적인 면이 더하려면 기본에 충실해야 가능한 것이라 본다. 상대방의 입장을 충분히 고려하는 원칙을 말한다. 예를 들면 '알로하 원칙'만 지켜도 된다. 알로하*ALOHA* 원칙이다. 이는 '묻고 듣고 관찰하고 돕고 다시 묻는 것*Ask, Listen, Observe, Help, Ask again*'을 말한다.

저자의 천사 같은 도우미가 필요 없다는 말은 장애인을 돕는 착한 아이라는 개념이 부적절함을 생각하게 한다. 장애인 저자는 어린 시절부터 자신의 가방을 들어주던 아이들은 하나같이 착한 아이로 불렸다고 지적한다. 이러한 맥락을 고정욱의 동화《가방 들어주는 아이》속 영택이라는 인물과 견주어 설명한다. 정작 장애인 당사자인 저자는 투명인간같이 되고 자신을 도와주는 아이들만 부각되었다는 것. 장애인을 도와주는 것이 착한 칭송이 되는 것은 바람직한 사회 분위기가 아니라는 지적은 공감되었다. 저자는 착한 사람이란 동등한 관계 속에서 딱 필요한 만큼만 해주는 사람이라는 것이다. 이는 장애인이 원하는 바만 해주면 된다는 점을 말한다. 지나친 도움이 장애인에게 오히려 불평함을 주는데 도움을 주는 사람들이 윤리적으로 높이 평가되는 현실은 어쩌면 장애인이 수단화되는 셈이다.

한편 장애인 스스로 쓰는 말 중에도 생각할 게 있었다. 예컨대, "나는 장애인이지만…", "장애인에도 불구하고…", "장애가 있지만…"이라는 표현이 그것이다. 더 구체적으로 "장애인이지만 나는 잘살고 있습니다. 그러나 비장애인이라는 당신이 더 잘 살아야죠"라고 말할 때 적절해 보이지 않는다. 당연히 비장애인의 언급이 영화와 드라마, 다큐멘터리에 나온다면 더욱 그렇다. "장애인도 열심히 사는데 너는 더 잘살아야지." 이는 충분히 장애인들이 모멸감을 느낄 수 있다. 이는 "나는 여자이지만", "흑인이지만"이라는 표현을 지양해야 하는 이유와 같다.

이 책을 대하며 달리 드는 생각도 있었다. 장애인이라고 했을 때 이는 범주가 매우 모호할 수 있다. 날씨가 좋을 때 산책해보라고 할 때 중

중장애인은 불편감을 느낄 수 있다. 하지만 다른 장애 유형의 장애인들은 다르게 생각할 수 있다. 달리 보면 장애인 서로도 다른 장애 유형의 사람에게 모르는 내용이 있을 수 있고 간과하는 언행을 하게 된다.

장애인을 대할 때 불편감이 드는 것은 혹은 장애인에게 부담될 정도로 배려하는 행위들은 공통된 마음에서 비롯할 수 있다. 그것은 뭔가 장애인에게 도움이 되어야 한다고 마음이 들어서다. 사람이 안에 갖는 인간애의 윤리 의식이다. 이를 인위적으로 자신의 이익을 위해 활용하는 정치인이나 사회단체, 그리고 미디어는 각자 이익 때문이다.

강박적 무의식 때문에 피로감이나 부담감이 생겨서는 지속성을 가질 수 없게 된다. 비장애인에게는 그에 상응하는 부담감과 책임감이 주어지는데 삶은 여전히 팍팍할 수 있다. 로맨스 영화의 주인공이 된다고 해서 그 삶이 행복한지는 알 수가 없다. 특히 문화예술 영역은 전체 사회에서 약자다.

저자가 어린 시절을 떠올리며 아이들, 마을 사람들과 격의 없이 어울려 살 수 있었던 것은 장애에 관한 인식이 전제되지 않았기 때문이다.

관념이나 명분이 아니라 어린 시절부터 같이 어울렸기 때문이다.

지적장애인 가족이 있던 우리 시골 동네도 그랬다. 같이 어울림이 먼저여야 하는데 가치와 의미, 목표가 먼저 개입되면 관계는 어색하고 틀어질 수 있다. 근원적으로 도시화와 계급적, 공간적 분리 현상은 장애에 대한 인위적 부각과 강조를 통해 서로 멀어지게 했다. 이를 극복할 수 있으려면 관계의 기회 즉 어울림이 우선이어야 하는 것이 당연하다.

다시 미디어 콘텐츠 이야기로 돌아가면 일부 통속적인 판박이 표현이 있어도 드라마 〈이상한 변호사 우영우〉의 대중적 성공에서 하나 얻을 수 있는 점은 장애인이 매력적일 때 호감도가 늘어난다는 점이다. 어쨌든 비장애인이 많이 봐야 한다. 드라마와 영화에 장애인 캐릭터가 많지 않으나 그 가운데 매력적인 캐릭터가 얼마나 되는지 따져보면 더욱 드물다. 그 매력은 김밥, 고래, 인사법 등 우리 일상의 소소한 것을 대부분 공유하며 어울리는 면 때문이다. 모두에게 이렇게 어울릴 권리가 있다. 앞으로 장애인 캐릭터가 많아질 텐데 이러한 점을 부각한다면 사이의 간격을 잇는 계기가 되지 않을까 싶다. 이는 모든 영상 콘텐츠에서 모두 포괄해야 할 점이다.

모두를 위한 영화는 있다

초판 1쇄 인쇄 · 2023년 5월 8일
초판 1쇄 발행 · 2023년 5월 15일

지은이 · 김헌식
펴낸이 · 천정한
펴낸곳 · 도서출판 정한책방

출판등록 · 2019년 4월 10일 제2019−000036호
주소 · (서울본사) 서울 은평구 은평로3길 34-2
　　　　 (충북지사) 충북 괴산군 청천면 청천10길 4
전화 · 070−7724−4005
팩스 · 02−6971−8784
블로그 · http://blog.naver.com/junghanbooks
이메일 · junghanbooks@naver.com

ISBN 979-11-87685-76-0 (03330)